BASISWISSEN: **Umgang mit zwangserkrankten Menschen**

Dr. phil. Susanne Fricke ist leitende Psychologin im Bereich Angstspektrumsstörungen der Klinik für Psychiatrie und Psychotherapie am Universitätsklinikum Eppendorf in Hamburg.

Susanne Fricke

BASISWISSEN : Umgang mit zwangserkrankten Menschen

Psychiatrie-Verlag

Die Reihe *Basiswissen* wird herausgegeben von:
Michaela Amering, Ilse Eichenbrenner, Hiltrud Kruckenberg,
Clemens Cording, Michael Eink, Klaus Obert und Wulf Rössler.

Susanne Fricke
Basiswissen: Umgang mit zwangserkrankten Menschen
Basiswissen 13
ISBN 978-3-88414-430-5

Bibliografische Information der Deutschen Nationalbibliothek:
Die Deutsche Nationalbibliothek verzeichnet diese Publikation in
der Deutschen Nationalbibliografie; detaillierte bibliografische Daten
sind im Internet über http://dnb.d-nb.de abrufbar.

© Psychiatrie-Verlag GmbH, Bonn 2007
Alle Rechte vorbehalten.
Umschlaggestaltung: Iga Bielejec, Nierstein,
unter Verwendung von Fotografien von Kasper Bielejec, Lodz,
und Iga Bielejec, Nierstein
Typografie und Satz: Iga Bielejec, Nierstein
Druck und Bindung: AZ Druck und Datentechnik GmbH, Kempten

Danksagung
Das Buch hätte ohne die zahlreichen Betroffenen mit ihren Lebens-
und Krankheitsgeschichten nicht geschrieben werden können.
Beim Schreiben war für mich außerdem der Austausch mit Kolleginnen
und Kollegen verschiedener Berufsgruppen mit ihren unterschiedlichen
Blickwinkeln auf Zwangserkrankungen sehr wertvoll.
Ihnen allen möchte ich an dieser Stelle danken.

- 7 **Vorwort**

- 11 **Einige Fakten**

- 13 **Was ist eine Zwangserkrankung?**
- 13 **Symptomatik**
- 17 **Die Logik der Zwänge verstehen**
- 26 **Abgrenzung von Normalverhalten und anderen psychischen Erkrankungen**
- 30 **Wann und warum Betroffene in Behandlung kommen**

- 33 **Entstehung und Aufrechterhaltung von Zwangserkrankungen**
- 34 **Allgemeine Erklärungsmodelle**
- 34 Das Zwei-Faktoren-Modell
- 36 Das kognitiv-behaviorale Erklärungsmodell
- 40 Neurobiologische Erklärungsansätze
- 41 **Individuelle Erklärungsmodelle**
- 43 Die Makroanalyse
- 49 Die Mikroanalyse

- 55 **Behandlung von Zwangserkrankungen**
- 55 **Überblick**
- 57 **Verhaltenstherapie**
- 58 Die Kennenlernphase
- 59 Vermittlung des individuellen Erklärungsmodells
- 64 Therapiezielfindung
- 66 Die eigentliche Therapie
- 80 **Medikamentöse Behandlung**
- 82 Was wirkt?
- 84 **Die Einbeziehung der Angehörigen**

89	**Häufige Schwierigkeiten und der Umgang damit**
89	Reflexion der eigenen Normen und Werte
93	Wie oft und wie lang darf man duschen? Streit um Normen und Werte
96	Orientierungshilfen
99	Wasch mich, aber mach mich nicht nass: Das Problem der Ambivalenz
100	Versteckte Ambivalenzen
105	Wenn Zwänge den Rahmen sprengen
113	Keine Angst vor Konflikten
116	**Stabilisieren der Erfolge und Rückfallprophylaxe**
121	**Einige Worte zum Schluss**
123	**Literatur**
126	**Adressen**

Vorwort

Zwangsstörungen erscheinen vielen Menschen – und gar nicht so selten auch professionellen Helferinnen und Helfern – als »irgendwie merkwürdige«, nur schwer nachvollziehbare Erkrankungen. Warum muss jemand etwas immer wieder tun, obwohl er doch weiß, dass es Unsinn ist? Warum lässt er es nicht einfach?

Wenn wir jedoch genauer nachdenken, so werden die meisten von uns das eine oder andere »Zwänglein« in ihrem Alltag wiederfinden. »Habe ich die Wohnungstür abgeschlossen?«, fragt man sich, wenn man morgens aus dem Haus gegangen ist, oder »Habe ich wirklich meine Fahrkarte eingesteckt?« vor einer längeren Reise. Den meisten Menschen sind solche oder ähnliche Gedanken und der damit verbundene Schreck vertraut. Eigentlich weiß man, dass man die Tür abgeschlossen hat, und eigentlich weiß man, dass man die Fahrkarte eingesteckt hat, (das hatte man nämlich schon x-mal überprüft). Man kommt sich vielleicht ein bisschen blöd vor, aber vorsichtshalber geht man in Gedanken noch mal durch, wie man die Wohnung verlassen und den Schlüssel im Schloss umgedreht hat, und vorsichtshalber sieht man noch mal in der Tasche nach, ob das Ticket wirklich da drin ist. Dem Partner, der daneben steht, sagt man aber, man suche ein Taschentuch; es wäre doch etwas zu peinlich, wenn er sieht, wie man schon wieder überprüft, ob die Fahrkarte wirklich da ist.

Symptome einer Zwangserkrankung sind diese Beispiele nicht, aber sie können eine Ahnung davon vermitteln, was Betroffene in wesentlich stärkerem Ausmaß täglich erleiden und bewältigen müssen. Nichtbetroffenen reicht die gedankliche Überprüfung, ob die Wohnungstür abgeschlossen ist, sie müssen nicht noch einmal zurückgehen, und es ist auch nur die Wohnungstür und nicht noch der Herd, die Kaffeemaschine, die

Fenster ... Nichtbetroffene können danach an andere Dinge denken und sind nicht den ganzen Vormittag in großer Unruhe und Sorge, dass sie vielleicht doch die Wohnungstür nicht abgeschlossen haben und nun schuld sind, wenn ein Einbrecher die ganze Wohnung verwüstet. Nichtbetroffene müssen vielleicht mehrmals kontrollieren, wenn sie auf größere Reisen fahren, aber nicht jeden Morgen immer wieder neu überprüfen, ob sie die Busfahrkarte dabeihaben. Nichtbetroffene müssen nicht immer wieder nach Ausreden suchen, um ihre Verhaltensweisen vor anderen zu verbergen, Selbstabwertung und Selbstvorwürfe halten sich in Grenzen.

Im Unterschied zu unseren »Zwänglein« im Alltag führen Zwangserkrankungen zu einer deutlichen Beeinträchtigung im Alltag, indem Aktivitäten und Aufgaben im beruflichen und privaten Bereich nicht mehr oder nicht mehr so gut wahrgenommen werden können, nicht zuletzt weil die meisten Zwänge sehr zeitaufwändig sind.

Die Behandlung von Zwangserkrankungen hat in den letzten zwanzig bis dreißig Jahren enorme Fortschritte gemacht. Mit der kognitiven Verhaltenstherapie und den Serotonin-Wiederaufnahmehemmern stehen Betroffenen inzwischen effektive psychotherapeutische und medikamentöse Behandlungsmöglichkeiten zur Verfügung.

Bei Helfern sind Menschen mit Zwangsstörungen häufig nicht sehr beliebt. »Bloß kein Zwangserkrankter!« hört man nicht selten von Therapeuten und anderen Berufsgruppen, die mit psychisch Kranken arbeiten. Die Betroffenen gelten als anstrengend und schwierig in der Interaktion, nach wie vor hält sich außerdem die Ansicht, dass diese Erkrankung schwer zu behandeln sei. Mit dafür verantwortlich sind sicher die häufig ambivalente Motivationslage, die sich oft als »Wasch mich, aber mach mich nicht nass!« darstellt, und eine damit verbundene Passivität der Betroffenen, sich für die Erreichung eigener Therapieziele einzusetzen, wodurch Zwangserkrankungen nicht selten als »behandlungsresistent« erscheinen. Helfer beklagen außerdem oft, dass ihnen durch die Zwangserkrankung (oder durch den Zwangserkrankten?!) Verhaltensweisen aufgezwungen werden, die sie gar nicht zeigen wollen. »Muss ich einem Klienten wirklich zwanzig Mal die Hand geben, weil sein Zwang das verlangt?! Am Anfang waren es vier Mal, aber im Laufe der Zeit wurden es immer mehr. Ich mag einfach nicht mehr, weiß aber nicht, wie ich da rauskomme.« Diese Klage einer Helferin mag Ihnen in dieser oder ähnlicher Form aus Ihren eigenen Erfahrungen mit Zwangserkrankten bekannt vorkommen, ebenso der damit verbundene Ärger und die Hilflosigkeit. Es gibt aber immer wieder auch Helfer, die einen guten Weg gefunden haben, mit Problemen dieser Art umzugehen, und die gern mit Betroffenen zusammenarbeiten und gemeinsam den Kampf gegen den Zwang führen.

Ein Ziel dieses Buches ist es, über die Zwangserkrankung zu informieren, denn häufig besteht bei Helfern und Betroffenen ein großer Informationsbedarf. Ich möchte aber auch ein bisschen »Werbung« für diese als schwierig geltende Gruppe machen. Und natürlich soll das Buch auch praktische Unterstützung für Ihre Zusammenarbeit mit Zwangserkrankten leisten, insbesondere bei den genannten »typischen« Interaktions- und Motivationsproblemen. Es richtet sich an Mitarbeiterinnen und Mitarbeiter aller Berufsgruppen, die im Rahmen ihrer Arbeit mit Zwangserkrankten Kontakt haben, beispielsweise an den Krankenpfleger, auf dessen neuer Station auch Zwangspatienten sind und der wissen möchte, wie er mit diesen angemessen und förderlich umgehen kann; an die Psychologin, deren psychotherapeutische Weiterbildung schon länger zurückliegt, die ihr Wissen wieder auffrischen möchte; an die Kolleginnen und Kollegen aus der Beratungsstelle, die im Rahmen ihrer Tätigkeit gelegentlich auch Zwangserkrankte beraten und sich besser in deren Problematik einfühlen möchten; an den Sozialarbeiter in einem Wohnheim, der wissen möchte, wie er als Ko-Therapeut seinen Klienten so unterstützen kann, dass dessen Zwänge mit der Zeit in den Hintergrund treten und nicht den ganzen Alltag dominieren.

Da das Buch für Helfer mit ganz unterschiedlichen Arbeitsfeldern geschrieben ist, empfehle ich, dass sich jeder das heraussucht, was ihm für seine Tätigkeit nützlich und hilfreich erscheint. Ich würde mich freuen, wenn das Buch dazu beitragen kann, dass Sie nach dem Lesen diese »seltsame« Erkrankung besser verstehen können und die gemeinsamen Anstrengungen mit den Betroffenen gegen den Zwang mehr als Herausforderung denn als Belastung auffassen können.
Susanne Fricke

Einige Fakten

Früher nahm man an, dass Zwangserkrankungen eher selten sind. Doch 2 bis 3 % der Bevölkerung (RASMUSSEN & EISEN 1992) leiden im Laufe ihres Lebens episodisch oder anhaltend unter einer oder wechselnden Formen der Zwangsstörung. Auf die Bundesrepublik Deutschland übertragen bedeutet dies, dass ungefähr zwei Millionen Menschen eine Zwangsstörung haben. Damit gehört diese Erkrankung zu den häufigeren psychischen Störungen. Dank intensiver Öffentlichkeitsarbeit, insbesondere der Deutschen Gesellschaft Zwangserkrankungen (DGZ), ist das Krankheitsbild inzwischen auch wesentlich bekannter als früher.

Die Zwangsstörung beginnt meist im frühen Erwachsenenalter. Das durchschnittliche Erkrankungsalter liegt bei 22 Jahren, wobei Männer im Mittel fünf Jahre früher erkranken als Frauen. Nicht wenige Betroffene leiden allerdings schon seit der Kindheit unter Zwängen, je nach Studie bewegen sich die Zahlen zwischen 10 und 20 %. Ein Beginn im späteren Erwachsenenalter ist dagegen eher selten.

Der Verlauf der Erkrankung ist unterschiedlich, es gibt phasenhafte und chronische Verläufe. Bei letzteren kann das Ausmaß der Beschwerden wechseln, bei manchen nimmt das Ausmaß immer weiter zu und kann bis zu schwersten Beeinträchtigungen in der alltäglichen Lebensgestaltung führen. Unbehandelt ist der Verlauf eher ungünstig, Spontanheilungen sind selten.

Männer und Frauen sind etwa gleich häufig betroffen, sie unterscheiden sich jedoch in der Art der Zwänge. Während Frauen mehr unter Waschzwängen leiden, sind Männer öfter von Kontrollzwängen betroffen.

Zwangserkrankungen treten oft mit anderen psychischen Störungen auf. Diese können den Zwängen vorangehen, eine Folge der Zwänge sein oder auch ohne Verbindung gleichzeitig bestehen. Sehr häufig tritt eine

Zwangsstörung zusammen mit einer depressiven Symptomatik auf. Nach verschiedenen Untersuchungen leidet ca. ein Drittel der Betroffenen zusätzlich unter einer depressiven Episode, außerdem leidet eine große Zahl von Zwangserkrankten unter depressiven Verstimmungen, beides oft als Reaktion auf die mit der Zwangsstörung verbundenen Einschränkungen und den Verlust an Lebensqualität. Angsterkrankungen als zusätzliche Diagnose kommen ebenfalls häufig vor. Außerdem besteht ein erhöhtes Risiko für Abhängigkeitserkrankungen wie Alkohol- oder Tablettenabhängigkeit. Das Risiko, an einer Schizophrenie zu erkranken, ist für Zwangskranke nicht höher als für Gesunde – wichtig zu wissen, weil viele Betroffene sich Sorgen machen, dass sie eine Psychose bekommen könnten!

Was ist eine Zwangserkrankung?

Zwangssymptome können in vielfältigen Formen auftreten. »Das sind alles Zwänge?!« höre ich häufig von Helfern, die erstmals mit Betroffenen Kontakt haben. Sie betrachten die roten Hände von Herrn A. und wissen von einem Kollegen, dass das vom stundenlangen Waschen kommt, sie kennen Frau B., die niemanden in ihr Zimmer im Wohnheim hineinlassen möchte, da sie befürchtet, dass ihre Ordnung durcheinandergebracht wird, oder sie sehen Herrn C. auf dem Gang stehen, nicht ansprechbar und voll konzentriert, der ihnen später erklärt, dass er bestimmte Gedankengänge in bestimmter Reihenfolge zu Ende denken musste. Die Symptomatik sieht vollkommen unterschiedlich aus, es handelt sich aber bei allen um die gleiche Erkrankung.

Symptomatik

Zwangserkrankungen bestehen aus Zwangsgedanken, Zwangshandlungen oder einer Kombination von beiden. Letztere tritt am häufigsten auf. Um von einer Zwangserkrankung sprechen zu können, muss die Symptomatik außerdem zeitaufwändig sein und zu einer deutlichen Beeinträchtigung führen.

Bei Zwangsgedanken handelt es sich um sich ↩ **Zwangsgedanken** wiederholende aufdringliche Gedanken, Vorstellungen oder Impulse. Der Betroffene empfindet diese zwar als unsinnig, übertrieben oder sogar persönlichkeitsfremd, sie rufen aber trotzdem Angst, Ekel oder Unbehagen hervor. Der Betroffene versucht, diese Gedanken zu ignorieren oder zu neutralisieren. Zu den häufigsten Zwangsgedanken gehören Gedanken, die sich auf Verschmutzung (Kontamination) beziehen wie z. B.

Befürchtungen, sich beim Berühren von Türgriffen mit einer Krankheit zu infizieren oder Krankheitserreger auf andere zu übertragen, Ekel vor den eigenen Körperflüssigkeiten und Befürchtungen, diese überall zu verbreiten, Ängste vor Vergiftung durch giftige Stoffe.

BEISPIEL → Eine 27-jährige Apothekenhelferin leidet unter Befürchtungen, dass sie sich mit HIV infizieren und ihre Familie anstecken könne. Alles, was wie Blut oder Körperflüssigkeiten aussieht, löst diese Ängste aus. Ein Speichelfleck auf der Straße führt beispielsweise dazu, dass sie hinterher stundenlang grübelt, ob sie diesen nicht doch berührt haben könnte, obwohl sie beim Vorbeigehen einen großen Abstand eingehalten hatte. Mittlerweile ist sie den ganzen Tag mit solchen Befürchtungen beschäftigt und vermeidet, wenn möglich, aus dem Haus zu gehen. Viele Stunden des Tages ist sie außerdem damit beschäftigt, ihre Wohnung, besonders die Toilette, die Wäsche und sich selbst zu waschen. Sehr problematisch ist auch, dass ihr 4-jähriger Sohn sie nicht mehr berühren oder küssen darf, da sie Angst hat, dass sie ihn anstecken könnte. Er versteht das abweisende Verhalten seiner Mutter nicht und leidet sehr darunter.

Ebenfalls sehr häufig sind Befürchtungen, einen Fehler gemacht zu haben, etwas übersehen oder vergessen zu haben und dafür verantwortlich zu sein, dass etwas Furchtbares passiert, beispielsweise den Herd nicht richtig ausgeschaltet zu haben und schuld daran zu sein, dass das Haus abbrennt. Andere Zwangsgedanken betreffen die Themen Symmetrie und Ordnung, z. B. die Sorge, dass Gäste Zeitungen durcheinanderbringen würden, die in stundenlanger Arbeit millimetergenau parallel zur Tischkante ausgerichtet wurden. Weiter können sich Zwangsgedanken auf aggressive Inhalte beziehen. Eine Betroffene leidet z. B. ständig unter sich aufdrängenden Befürchtungen, andere Menschen mit einem Messer zu erstechen, das zufällig vor ihr auf dem Tisch liegt, obwohl sie ein friedliebender Mensch ist und ihr solche Handlungen völlig fremd sind. Ebenfalls in diese Kategorie lassen sich Zwangsgedanken einordnen, dass man in der Öffentlichkeit laut etwas Obszönes herausruft, obwohl man es gar nicht möchte.

Religiöse Zwangsgedanken betreffen Gedanken mit gotteslästerndem Inhalt wie beispielsweise der Gedanke »Der Teufel ist gut«. Religiöse Zwangsgedanken treten in der Regel bei sehr gläubigen Menschen auf, die entsetzt sind, dass sie solche Gedanken haben, weil diese ihrem Glauben völlig zuwiderlaufen. Ebenso rufen sexuelle Zwangsgedanken großes Entsetzen bei den davon Betroffenen hervor. Jene können sich z. b. um belastende Vorstellungen drehen, sich jemandem gewalttätig sexuell zu nähern. Die Betroffenen leiden besonders unter solchen Gedanken, weil diese ihren Wertvorstellungen und Wünschen komplett widersprechen. Es kann bei diesen Zwangsgedanken nicht genügend betont werden, dass es sich nicht um die wirkliche Meinung oder gar Wünsche der Person handelt (nach dem Motto »Wer so denkt, möchte es auch«), sondern um persönlichkeitsfremde Zwangsgedanken!

Zwangshandlungen sind Verhaltensweisen oder Rituale, zu denen sich die Person gedrängt fühlt, obwohl sie diese als unsinnig oder übertrieben bewertet. ←—⊣ **Zwangshandlungen** Die Handlungen dienen dazu, Angst, Ekel oder Unbehagen zu reduzieren bzw. den Eintritt von Katastrophen zu verhindern. Am häufigsten sind Reinigungs- und Kontrollzwänge. Als Beispiel sei ein Mann genannt, der seinen Mantel stundenlang von Fusseln befreien muss, nachdem er sich außerhalb seiner Wohnung aufgehalten hat (dazu gehört die zwanghafte Befürchtung, die Wohnung zu verschmutzen), oder eine Frau, die morgens schon um fünf Uhr aufsteht, um vor ihrem Arbeitsbeginn über mehrere Stunden zu kontrollieren, ob Elektrogeräte aus, Wasserhähne und Fenster in der Wohnung geschlossen sind. Bei Ordnungszwängen werden z. B. in stundenlanger Arbeit Papier und Stifte millimetergenau und symmetrisch auf dem Schreibtisch angeordnet. Bei Zählzwängen werden Dinge im Alltag gezählt wie z. B. Treppenstufen beim Treppensteigen. Von Wiederholungszwängen Betroffene müssen Routinehandlungen so lange ausführen, bis sie »richtig« wiederholt wurden. Mit Sammel- und Aufbewahrungszwängen haben sozialpsychiatrische Dienste z. B. immer mal wieder bei Ausräum- oder Entmüllungsaktionen zu tun.

Betroffene leiden übrigens in der Regel nicht nur unter einem Symptom, sondern unter verschiedenen Symptomen, die in individuell unterschiedlichen Kombinationen auftreten können.

Wichtig ist außerdem die Unterscheidung zwischen offenen und verdeckten Zwangshandlungen. Bei offenen Zwangshandlungen handelt es sich um beobachtbare Verhaltensweisen, bei verdeckten Zwangshandlungen um gedankliche Rituale. Letztere werden oft mit Zwangsgedanken verwechselt.

BEISPIEL → Eine 36-jährige Hausfrau leidet unter zwanghaft sich aufdrängenden Befürchtungen (= Zwangsgedanken), einen Fehler übersehen zu haben. Zum Neutralisieren dieser Zwangsgedanken führt sie umfangreiche Kontrollhandlungen (= offene Zwangshandlungen) durch. Als ihre Kinder älter werden, kontrolliert sie alles nur noch gedanklich (= verdeckte Zwangshandlungen), um ihre Erkrankung vor ihren Kindern zu verbergen.

Merkmale von Zwangsgedanken

- sich wiederholende aufdringliche Gedanken, Vorstellungen, Impulse
- erscheinen unsinnig, übertrieben oder persönlichkeitsfremd
- lösen Angst, Anspannung, Ekel oder Unbehagen aus

Merkmale von Zwangshandlungen

- unsinnige oder übertriebene Verhaltensweisen und Rituale, die offen oder verdeckt ablaufen können
- starker innerer Druck, diese immer wieder ausführen zu müssen
- sollen Angst, Unruhe und Befürchtungen reduzieren, den Eintritt von Katastrophen verhindern
- Widerstand dagegen ist schwer oder nicht möglich

Die Diagnose einer Zwangserkrankung umfasst somit eine sehr heterogene Gruppe von Symptomen. Sie müssen natürlich nicht alle Zwangsgedanken und Zwangshandlungen, die es gibt, kennen oder schon einmal gesehen haben, Betroffene freuen sich aber häufig, wenn ein gewisses Grundwissen beim Helfer vorhanden ist, und fühlen sich dann besser aufgehoben.

Die Logik der Zwänge verstehen

Wenn es die Rahmenbedingungen Ihrer Arbeit zulassen und der Kontakt mit dem Betroffenen nicht von vornherein auf wenige Termine beschränkt ist, so sollten Sie sich möglichst bald nach Beginn der Zusammenarbeit einen guten Einblick verschaffen, wie sich die Symptomatik bei der vor Ihnen sitzenden Person zeigt. Betroffene wissen es zu schätzen, wenn Sie ein Interesse an ihrer Person zeigen und ein ehrliches Bemühen, die individuelle Symptomatik zu verstehen. In so einem Gespräch über die Zwänge kann man häufig feststellen, dass Zwangssymptome, die zunächst merkwürdig, bisweilen sogar bizarr wirkten, bei genauerem Nachfragen nachvollziehbar werden und ihre »innere Logik« erkennbar wird. Auch wird sehr schnell deutlich, dass trotz des gleichen Symptoms der Hintergrund sehr verschieden sein kann.

Frau Mühlau* und Frau Mahlmann beispielsweise leiden beide unter Wiederholungszwängen. Frau Mühlau fürchtet bei nahezu allen Alltagshandlungen, einen Fehler gemacht zu haben (=Zwangsgedanke), und muss daher das gerade Gemachte (z.B. Zusammenlegen eines Pullovers) so lange wiederholen (=Zwangshandlung), bis sie meint, dass sie den Pullover jetzt fehlerfrei zusammengelegt habe. Frau Mahlmann dagegen hat Angst, dass eine ihr nahestehende Person sterben würde, wenn sie bei einer Alltagshandlung einen »schlechten« Gedanken hat, der mit Tod zu

---

* Alle Namen von der Autorin geändert.

tun hat (Tod, sterben, jemand stirbt ... = Zwangsgedanke). Sie muss diese Alltagshandlung (z. B. Zusammenlegen eines Pullovers) so lange wiederholen (= Zwangshandlung), bis es ihr gelungen ist, dieses zu tun, ohne einen »schlechten« Gedanken zu haben.

Fragen zur Vertiefung Ihres Verständnisses könnten sein: »Darf ich noch mal nachfragen, warum Sie ... machen müssen? Ich möchte Sie gern noch besser verstehen.«, »Habe ich es richtig verstanden, dass Sie ... machen müssen, wenn der Gedanke ... auftaucht?«, »Darf ich noch mal zusammenfassen: Wenn ... dann ... Habe ich damit Ihre Zwänge richtig beschrieben?«

Für den professionellen Helfer ist es wichtig zu wissen, ←— **Schamgefühle** dass Zwangskranke häufig nicht alle Symptome nennen. Gründe können zum einen darin bestehen, dass ein Symptom momentan so sehr im Vordergrund steht, dass sie andere weniger bedeutende im Gespräch zunächst vergessen zu erzählen. Häufiger liegt der Grund jedoch darin, dass sich Betroffene für ihre Erkrankung insgesamt oder für bestimmte Symptome besonders stark schämen, so dass nur die am wenigsten peinlichen Symptome berichtet werden. Betroffene wissen ja, dass das, was sie machen, unsinnig ist, können sich aber trotzdem nicht dagegen wehren.

Schamgefühle sind besonders häufig bei aggressiven, sexuellen und religiösen Zwangsgedanken, die den eigenen Normen und Werten völlig widersprechen. Stellen Sie sich eine Thematik vor, die einen besonderen Wert für Sie darstellt, etwa ein liebevoller Vater zu sein, eine engagierte Tierschützerin usw. Plötzlich drängen sich gegen Ihren Willen entsetzliche Bilder auf, wie Sie Ihr Kind mit einem Messer verletzen oder Tiere quälen. Und dann sollen Sie einem Helfer davon erzählen, den Sie möglicherweise gerade erst kennen gelernt haben.

Hilfreich ist es für Betroffene, wenn der Helfer einfühlsam, nicht wertend und konkret nach Symptomen fragt, die der Zwangskranke nicht von sich aus genannt hat. Betroffene sind in der Regel sehr erleichtert, wenn sie auf diese Weise darauf angesprochen werden, und wissen es sehr zu schätzen, dass sich ihr Gegenüber mit Zwangserkrankungen gut auskennt und sie versteht. Durch eine »unaufgeregte« und gleichzeitig mitfühlende Haltung kann der Helfer vermitteln, dass er die Gedanken als Krankheitssymptom, nicht als eine Meinung des Betroffenen bewertet: »Ich kann gut verstehen, dass diese Zwangssymptome sehr belastend für Sie sind. Besonders weil sie doch Ihrer Meinung und Ihren Wertvorstellungen völlig widersprechen.«

Nicht selten berichten Betroffene aber auch erst nach längerer Zeit von besonders peinlichen oder belastenden Zwangsgedanken, wenn sie ihr Gegenüber besser kennen gelernt haben. Zweifeln Sie dann nicht an sich selbst (»Was habe ich die ganze Zeit falsch gemacht, dass er es erst jetzt erzählt?«) und gehen Sie nicht von mangelnder Kooperation aus, sondern sehen Sie es als Zeichen eines besonderen Vertrauens des Betroffenen zu Ihnen, das erst wachsen musste.

Eine nützliche Arbeitshilfe für das Gespräch über die Symptome kann die Checkliste auf den folgenden Seiten sein, in welcher zahlreiche Zwangssymptome aufgelistet und erläutert sind. Man kann sie Betroffenen geben mit der Bitte, sie durchzulesen, ihre Symptome anzukreuzen und die Liste in das nächste Gespräch mitzunehmen, um dann ausführlich darüber zu sprechen. Man kann die Checkliste aber auch als Vorbereitung für ein Gespräch nutzen, um Formulierungen für Fragen nach bestimmten Zwangssymptomen zu finden, beispielsweise wenn in einem Stationsteam bereits bekannt ist, dass ein neu aufgenommener Patient unter sexuellen Zwangsgedanken leidet und die Ko-Therapeutin danach fragen möchte. Sie liest Item 18 bis 21 durch und überlegt sich dann, nach einer Einleitungsphase etwa folgende Fragen zu stellen: »Leiden Sie unter Zwangsgedanken mit sexuellen Inhalten, die Sie gegen Ihren Willen immer wieder denken müssen, obwohl sie überhaupt nicht Ihrer Meinung entsprechen? ... Würden Sie mir diese Gedanken genauer beschreiben, z. B. sagen, auf wen sie sich beziehen?«

ABBILDUNG 1 Entstehung und Aufrechterhaltung von Zwängen

Yale Brown Obsessive-Compulsive Scale Symptom Checklist von Goodman und Mitarbeitern (nach Baer 2001)

Sie werden auf den folgenden Seiten verschiedene Zwangsgedanken und Zwangshandlungen finden. Umkreisen Sie die Nummern derjenigen Symptome, die Sie in den letzten sieben Tagen an sich beobachtet haben. Bitte überlegen Sie danach, welche Symptome im Moment im Vordergrund stehen, und markieren Sie dann das wichtigste mit einer (1), das zweitwichtigste mit einer (2) und das drittwichtigste mit einer (3). Ein Stern (*) bedeutet, dass das betreffende Symptom ein Zwangssymptom sein kann, aber nicht muss.

ZWANGSGEDANKEN

Zwangsgedanken mit aggressivem Inhalt

1. Ich habe Angst, ich könnte mir Schaden zufügen.
☐ Angst, mit Messer und Gabel zu essen; Angst, mit scharfen Gegenständen zu hantieren; Angst, an Glasscheiben vorbeizugehen

2. Ich habe Angst, ich könnte anderen Schaden zufügen.
☐ Angst, das Essen anderer Leute zu vergiften; Angst, Babys zu verletzen; Angst, jemanden vor den Zug zu stoßen; Angst, die Gefühle eines anderen zu verletzen; Angst, sich schuldig zu machen, weil man bei einer Katastrophe keine Hilfe leistet; Angst, jemandem durch einen schlechten Ratschlag zu schaden

3. Ich habe gewalttätige oder grauenvolle Bilder im Kopf.
☐ Vorstellungen von Gewaltverbrechen, Körpern mit abgetrennten Gliedmaßen oder anderen entsetzlichen Szenen

4. Ich habe Angst, obszöne oder beleidigende Dinge zu sagen.
☐ Angst, in öffentlichen Situationen, z. B. in der Kirche, Obszönitäten auszustoßen; Angst, unanständige Wörter oder Sätze zu schreiben

5. Ich habe Angst, ich könnte etwas anderes Peinliches tun.
☐ Angst, sich vor anderen zu blamieren

6. Ich habe Angst, ich könnte einem ungewollten Impuls folgen.
☐ Angst, an einen Baum zu fahren; Angst, jemanden zu überfahren; Angst, mit einem Messer auf einen Freund einzustechen

7. Ich habe Angst, ich könnte zum Dieb werden.
☐ Angst, die Kassiererin im Laden zu betrügen; Angst, wertlose Dinge aus einem Geschäft zu stehlen

8. Ich habe Angst, ich könnte anderen aus Unvorsichtigkeit Schaden zufügen.
☐ Angst, einen Unfall zu verursachen, ohne es zu bemerken (wie ein Verkehrsunfall mit Fahrerflucht)

9. Ich habe Angst, ich könnte daran schuld sein, dass sich irgendetwas anderes Furchtbares ereignet.
☐ Angst, beim Verlassen des Hauses nicht sorgfältig genug alles zu überprüfen und dadurch ein Feuer oder einen Einbruch zu verursachen

Zwanghafte Angst vor Verseuchung

10. Der Gedanke an körperliche Ausscheidungen beunruhigt mich sehr bzw. empfinde ich große Abscheu vor ihnen.
☐ Angst, sich in öffentlichen Toiletten mit Aids, Krebs oder anderen Krankheiten zu infizieren; Angst vor dem eigenen Speichel, Urin, Kot, Samen oder Scheidenflüssigkeit

11. Ich mache mir große Sorgen über Dreck oder Bazillen.
☐ Angst vor Übertragung von Krankheitserregern durch Sitzen auf bestimmten Stühlen, Händeschütteln oder Berühren von Türgriffen

12. Ich habe übergroße Angst vor Umweltgiften.
☐ Angst vor Verseuchung durch Asbest oder Radon; Angst vor radioaktiven Stoffen; Angst vor Dingen, die aus Städten mit Giftmülldeponien kommen

13. Ich habe große Angst vor bestimmten Haushaltsreinigern.
☐ Angst vor giftigen Küchen- oder Sanitärreinigern, Lösungsmitteln, Insektensprays oder Terpentin

14. Ich habe große Angst davor, mit Tieren in Berührung zu kommen.
☐ Angst, mich über ein Insekt, einen Hund, eine Katze oder ein anderes Tier mit einer Krankheit zu infizieren

15. Klebstoffe oder andere klebrige Materialien verursachen mir großes Unbehagen.
☐ Angst vor Krankheitserregern oder Giften, die an Klebeflächen oder anderen klebrigen Substanzen haften könnten

16. Es macht mir große Sorgen, dass ich mich irgendwo anstecken und krank werden könnte.
☐ Angst, durch eine Infektion oder Verseuchung nach kürzerer oder längerer Zeit schwer zu erkranken

17. Ich bin besorgt darüber, dass ich andere anstecken könnte.
☐ Angst, nach Kontakt mit giftigen Stoffen (z. B. Benzin) oder nach Berührung bestimmter Stellen des eigenen Körpers andere anzufassen oder für sie Mahlzeiten zuzubereiten

Zwangsgedanken mit sexuellem Inhalt

18. Ich habe verbotene oder perverse sexuelle Gedanken, Vorstellungen oder Impulse.
☐ Belastende sexuelle Gedanken, die sich auf Fremde, Freunde oder Familienmitglieder beziehen

19. Ich habe sexuelle Zwangsvorstellungen, in denen Kinder oder eigene enge Verwandte (Inzest) eine Rolle spielen.
☐ Ungewollte Gedanken, eigene oder andere Kinder sexuell zu belästigen

20. Ich habe Zwangsgedanken, die die Homosexualität betreffen.
☐ Zweifel wie »Bin ich homosexuell?« oder »Was, wenn ich plötzlich schwul werde?«, wenn es keine Grundlage für solche Gedanken gibt

21. Ich habe Zwangsgedanken, die sich um sexuelle Übergriffe gegen andere Personen drehen.
☐ Belastende Vorstellungen über gewalttätige sexuelle Annäherungen an erwachsene Fremde, Bekannte oder Familienmitglieder

Zwangsgedanken über das Sammeln und Aufbewahren von Gegenständen

22. Ich habe Zwangsgedanken, die das Aufheben und Sammeln von Sachen betreffen.
☐ Angst davor, etwas scheinbar Unwichtiges wegzuwerfen, was man in Zukunft noch einmal gebrauchen könnte; der Drang, unterwegs Gegenstände aufzuheben und wertlose Dinge zu sammeln

Zwangsgedanken mit religiösem Inhalt

23. Ich mache mir Sorgen, etwas tun zu können, was ein Vergehen gegen meinen Glauben darstellen würde.
☐ Angst, gotteslästerliche Dinge zu denken oder zu sagen bzw. dafür bestraft zu werden

24. Ich habe übermäßig strenge Moralvorstellungen.
☐ Die Sorge, auch wirklich immer »das Richtige« zu tun; Angst, gelogen oder jemanden betrogen zu haben

Zwanghaftes Bedürfnis nach Symmetrie und Genauigkeit

25. Ich habe Zwangsgedanken über Symmetrie und Genauigkeit.
☐ Die Sorge, Bücher könnten unordentlich im Regal stehen oder Zeitungen nicht ordentlich aufeinanderliegen; Angst, dass die Handschrift oder angestellte Berechnungen unvollkommen sind

Andere Zwangsgedanken

26. Ich habe das Gefühl, bestimmte Dinge unbedingt wissen oder mir merken zu müssen.
☐ Die Überzeugung, sich bestimmte unwichtige Dinge merken zu müssen wie Nummernschilder, die Namen von Schauspielern in Fernsehfilmen, alte Telefonnummern oder Sprüche von Autoaufklebern oder T-Shirts

27. Ich fürchte mich davor, bestimmte Dinge zu sagen.
☐ Angst, bestimmte Wörter zu benutzen (z. B. die Zahl 13), da sie Unglück bringen könnten; Angst, etwas Respektloses über einen Toten zu sagen

28. Ich habe Angst davor, etwas Falsches zu sagen.
☐ Angst, nicht das zu sagen, was man sagen will, oder sich nicht richtig auszudrücken; Angst, Worte falsch auszusprechen

29. Ich habe Angst davor, Dinge zu verlieren.
☐ Angst, die Brieftasche oder unwichtige Gegenstände wie ein Stück Papier zu verlieren

30.	Lästige (neutrale) Gedanken dringen in mein Bewusstsein ein.
☐	Nichtssagende, aber störende Vorstellungen, die sich einem aufdrängen

31.	Ich fühle mich durch lästige und sinnlose imaginäre Geräusche, Wörter oder Musik gestört, die in mein Bewusstsein eindringen.
☐	Wörter, Lieder oder Geräusche, die sich nicht abstellen lassen

32.	*Bestimmte Klänge oder Geräusche stören mich.
☐	Sich stark durch Geräusche wie laut tickende Uhren oder Stimmen aus einem anderen Zimmer, die einen vom Schlafen abhalten, gestört fühlen

33.	Ich habe Glückszahlen und Unglückszahlen.
☐	Gedanken, die sich um bestimmte Zahlen (z. B. die 13) drehen, und einen veranlassen, Dinge so und so oft zu tun oder mit etwas so lange zu warten, bis die »richtige« Uhrzeit dafür da ist

34.	Bestimmte Farben haben eine besondere Bedeutung für mich.
☐	Angst, Gegenstände mit einer bestimmten Farbe zu benutzen (z. B. weil Schwarz für den Tod und Rot für Blut und Verletzung steht)

35.	Ich habe abergläubische Ängste.
☐	Angst, an Friedhöfen, Leichenwagen oder schwarzen Katzen vorbeizugehen; Angst vor »Todesboten«

Zwangsgedanken, die um bestimmte körperliche Aspekte kreisen

36.	Ich beschäftige mich sehr mit der Gefahr, von Krankheiten befallen zu werden.
☐	Angst, Krebs, Aids, eine Herzkrankheit oder etwas anderes zu haben, obwohl der Arzt sagt, dass alles in Ordnung ist

37.	*Ich mache mir Sorgen, dass etwas mit meinem Körper oder meinem Äußeren nicht stimmt (Dysmorphophobie).
☐	Die Befürchtung, an Gesicht, Ohren, Nase, Augen oder irgendeinem anderen Teil des Körpers fürchterlich entstellt zu sein, obwohl andere einem versichern, dass dies nicht so ist

ZWANGSHANDLUNGEN

Säuberungs- und Waschzwänge

38.	Das Händewaschen nimmt bei mir unverhältnismäßig viel Zeit in Anspruch oder ist mit einem bestimmten Ritual verbunden.
☐	Viele Male am Tag die Hände waschen oder langes Händewaschen nach der – tatsächlichen oder vermeintlichen – Berührung eines unreinen Gegenstandes. Dies kann sich auch auf die Arme bis zu den Schultern erstrecken.

39.	Ich habe übertriebene oder mit ganz bestimmten Ritualen verbundene Gewohnheiten, die das Duschen, Baden, Zähneputzen, Kämmen und Schminken oder das Benutzen der Toilette betreffen.
☐	Handlungen, die der Körperpflege dienen, z. B. Duschen oder Baden, dauern Stunden. Wird die Abfolge unterbrochen, muss u. U. wieder ganz von vorn begonnen werden.

40.	Ich habe zwanghafte Gewohnheiten, die die Reinigung verschiedener Dinge im Haushalt betreffen.
☐	Übermäßiges Säubern von Wasserhähnen, Toiletten, Fußböden, Küchentischen oder Küchenutensilien

41.	Ich treffe andere Vorkehrungen, um nicht mit Krankheitserregern in Berührung zu kommen.
☐	Familienangehörige darum bitten, Insektenvernichtungsmittel, Müll, Benzinkanister, rohes Fleisch, Farben, Lack, Medikamente aus der Hausapotheke oder Katzendreck anzufassen bzw. wegzuschaffen, anstatt es selbst zu tun. Möglicherweise der Einsatz von Handschuhen, wenn sich der Umgang mit diesen Dingen nicht vermeiden lässt

Kontrollzwänge

42.	Ich muss kontrollieren, ob ich niemandem Schaden zugefügt habe.
☐	Kontrollieren, ob man jemanden verletzt hat, ohne es zu bemerken. Andere bitten zu bestätigen, dass alles in Ordnung ist, oder anzurufen, um zu fragen, wie es ihnen geht

43.	Ich überprüfe, ob ich mich nicht selbst verletzt habe.
☐	Nach Blut oder Verletzungen suchen, wenn man mit scharfen oder zerbrechlichen Gegenständen hantiert hat. Häufige Arztbesuche, um sich bestätigen zu lassen, dass man unverletzt ist

44.	Ich überprüfe, ob sich etwas Furchtbares ereignet hat.
☐	Die Zeitungen nach Berichten von Katastrophen durchforsten, die man glaubt, selbst verursacht zu haben (oder im Fernsehen auf solche Berichte warten). Andere fragen, ob man nicht einen Unfall verursacht hat

45.	Ich kontrolliere, ob ich keine Fehler gemacht habe.
☐	Mehrfaches Überprüfen von Türschlössern, Küchenherden und elektrischen Anschlüssen vor Verlassen des Hauses; mehrfaches Überprüfen des Gelesenen, Geschriebenen oder Berechneten, um sicherzugehen, dass einem kein Fehler unterlaufen ist

46.	*Meine Zwangsgedanken über verschiedene Dinge, die mit meiner gesundheitlichen Verfassung oder meiner äußeren Erscheinung zu tun haben, veranlassen mich zu überprüfen, ob alles mit mir in Ordnung ist.
☐	Sich von Freunden oder Ärzten bestätigen lassen, dass man keinen Herzanfall hat oder Krebs bekommt; häufiges Puls-, Blutdruck- oder Temperaturmessen; überprüfen, ob man schlecht riecht; sein Spiegelbild überprüfen und nach hässlichen Merkmalen absuchen

Wiederholungszwänge

47.	Ich muss Dinge immer wieder neu schreiben oder lesen.
☐	Stunden brauchen, um ein paar Seiten eines Buches zu lesen oder einen kurzen Brief zu schreiben; besorgt sein, dass man nicht versteht, was man gerade gelesen hat; den hundertprozentig passenden Ausdruck oder Satz finden wollen; sich zwanghaft auf die äußere Form bestimmter gedruckter Buchstaben in einem Buch konzentrieren müssen

48. Ich muss bestimmte Routinehandlungen immer mehrfach durchführen.
☐ Zahlreiche Wiederholungen von Handlungen durchführen, z. B. beim Ein- und Abschalten von Geräten, Haarekämmen oder Betreten und Verlassen eines Raumes; Worte immer wiederholen müssen, bis sie »richtig« gesagt wurden; sich unwohl fühlen, wenn man diese Wiederholungen unterlässt

Zählzwänge

49. Ich habe Zählzwänge.
☐ Dinge zählen wie Decken- oder Fußbodenfliesen, Bücher im Regal, Nägel in der Wand oder sogar die Sandkörner am Strand; mitzählen, wenn man bestimmte Dinge wiederholt wie z. B. das Waschen einzelner Körperpartien (Es gibt für viele »gute« und »schlechte« Zahlen, die bestimmen, wie oft jemand etwas wiederholen muss.)

Ordnungszwänge

50. Ich habe Ordnungszwänge.
☐ Papiere oder Stifte auf dem Schreibtisch oder Bücher im Regal ordnen; Stunden damit verbringen, Dinge im Haus in die richtige Ordnung zu bringen, und sich darüber aufregen, wenn diese Ordnung gestört wird

Hort- und Sammelzwänge

51. Ich habe den Zwang, Dinge zu horten und zu sammeln.
☐ Aufbewahren alter Zeitungen, Notizen, Dosen, Papiertücher, Verpackungen und Flaschen aus der Sorge, man könnte sie eines Tages einmal benötigen; unnütze Dinge von der Straße auflesen oder aus Mülleimern herausholen

Andere Zwangshandlungen

52. Es gibt Rituale, die ich im Geist ausführe (andere als Zählen oder Kontrollieren).
☐ Im Kopf Rituale ausführen, z. B. Gebete aufsagen oder einen »guten« Gedanken denken, um einen »schlechten« wieder gutzumachen. Der Unterschied zu Zwangsgedanken ist, dass man diese Rituale einsetzt, um eine Angst zu bekämpfen oder um sich besser fühlen zu können.

53. Ich muss anderen Menschen bestimmte Dinge sagen oder gestehen oder ihnen bestimmte Fragen stellen.
☐ Andere Leute bitten zu bestätigen, dass alles in Ordnung ist; Taten gestehen, die man niemals begangen hat; glauben, man müsste anderen Leuten bestimmte Sachen sagen, um sich besser zu fühlen

54. *Ich muss Dinge berühren, beklopfen oder an ihnen reiben.
☐ Dem Drang nachgeben, raue oder heiße Oberflächen (z. B. Holz oder Herdplatten) zu berühren oder andere Leute im Vorübergehen zu streifen; glauben, man müsse einen bestimmten Gegenstand wie den Telefonapparat berühren, um die Erkrankung eines Familienangehörigen zu verhindern

55.	Ich treffe Vorkehrungen (andere als Kontrollhandlungen), um Schaden von mir oder anderen abzuwenden oder das Eintreten furchtbarer Dinge zu verhindern.
☐	Sich von scharfen oder zerbrechlichen Dingen wie Messern, Scheren, Glas fernhalten

56.	*Das Einnehmen von Mahlzeiten ist bei mir mit ganz bestimmten Ritualen verknüpft.
☐	Nicht in der Lage sein, mit einer Mahlzeit zu beginnen, ehe alles auf dem Tisch in eine bestimmte Anordnung gebracht ist; beim Essen strikt auf die Einhaltung eines bestimmten Rituals achten; nicht essen können, bevor die Zeiger der Uhr nicht genau auf einem bestimmten Punkt stehen

57.	Ich habe abergläubische Verhaltensweisen.
☐	Nicht mit einem Bus oder einer Bahn fahren, deren Nummer eine »Unglückszahl« (z. B. 13) enthält; am 13. des Monats nicht aus dem Haus gehen; Kleidungsstücke fortwerfen, die man beim Vorbeigehen an einem Friedhof oder einer Leichenhalle trug

58.	*Ich reiße mir die Haare heraus (Trichotillomanie).
☐	Mit den Fingern oder einer Pinzette Kopfhaare, Wimpern, Augenbrauenhärchen oder Schamhaare herauszuziehen. Dabei können kahle Stellen entstehen, die einen zum Tragen einer Perücke zwingen.

Abgrenzung von Normalverhalten und anderen psychischen Erkrankungen

Die meisten Menschen kennen sicher einige der bisher beschriebenen Zwangsgedanken und -handlungen in milderer Form aus ihrem Alltag. Sie fühlen sich vielleicht manchmal dadurch gestört, sind aber insgesamt nicht sehr davon beeinträchtigt.

MERKE → Eine Zwangserkrankung liegt erst dann vor, wenn diese Zwangsgedanken und -handlungen so ausgeprägt sind, dass die Betroffenen und möglicherweise auch deren Umfeld sehr darunter leiden.

Zwänge kosten viel Zeit und führen außerdem zu einer deutlichen Beeinträchtigung im Alltag, weil beispielsweise berufliche Aufgaben schlechter ausgeführt oder Freizeitaktivitäten nicht mehr verfolgt werden können. Anhand dieser Kriterien (Leiden, Zeitaufwand, Beeinträchtigung) können Zwänge im Allgemeinen gut von »Alltagsmarotten« und persönlichen Gewohnheiten unterschieden werden. Manchmal können die Übergänge jedoch auch fließend sein, da Normen, Vorlieben und persönliche Meinungen bei der Frage »Was ist noch normal?« eine Rolle spielen.

BEISPIEL → Ein Ehepaar ist sich einig, dass die Frau übertrieben ordentlich und sauber ist und dagegen etwas unternehmen sollte. Aber sollte man die Toilette mit Sagrotan® desinfizieren, wenn Besucher diese benutzt hatten? Der Ehemann ist der Ansicht, dass dies schon »Zwang« sei, die Ehefrau dagegen meint, dass sehr viele Leute Pilzerkrankungen hätten und sie verhindern möchte, dass sie und ihr Ehemann sich anstecken könnten.

Aberglaube kommt im Alltag recht häufig vor, eine Zwangsstörung liegt aber erst dann vor, wenn abergläubische Einstellungen und Verhaltensweisen so stark ausgeprägt sind, dass die Person darunter leidet und beeinträchtigt ist. Auch hier können die Übergänge im Einzelfall fließend sein. Neben der Abgrenzung von Normalverhalten ist die Abgrenzung von anderen psychischen Erkrankungen von Bedeutung. Zwangsstörungen weisen Ähnlichkeiten mit einer Reihe anderer psychischer Erkrankungen auf und können auch gleichzeitig mit diesen auftreten. Für eine Behandlung ist eine sorgfältige Diagnostik wichtig, da jene je nach Diagnose unterschiedlich sein kann. Ein Grundwissen über die wichtigsten Differenzialdiagnosen ist insbesondere auch deswegen wichtig, da sich Betroffene häufig an eine professionelle Bezugsperson wenden, weil sie befürchten, dass sie »in Wirklichkeit« eine andere, von ihnen als »schlimmer« bewertete Erkrankung haben könnten.

So machen sich viele Betroffene Sorgen, dass sie eine ←┘ **Psychosen** Psychose bekommen könnten. Im Gegensatz zu Psychosekranken erkennen Zwangskranke aber in der Regel, dass ihre Zwangsgedanken unrealistisch sind, so dass man die Klienten in dieser Hinsicht beruhigen kann. Manchmal kann die Abgrenzung jedoch auch schwierig sein, wenn Betroffene sehr bizarre Zwangssymptome zeigen und sie nur wenig Einsicht in die Sinnlosigkeit ihrer Symptomatik haben. Im Einzelfall können auch beide Diagnosen vorliegen.

Sehr häufig findet man bei psychiatrisch Tätigen die Ansicht, dass bei Betroffenen mit aktueller Zwangserkrankung und Psychose in der Vorgeschichte symptomorientierte Techniken zur Reduktion der Zwänge auf keinen Fall eingesetzt werden sollten. Hintergrund ist das Verständnis der Zwangshandlungen als ein (wenn auch ungünstiger) Bewältigungsversuch für psychotische Symptome. Danach laufen die Betroffenen bei »Wegfall« der Zwänge Gefahr, erneut psychotisch zu werden. Das ist nach neueren Erkenntnissen so jedoch nicht haltbar. Bei sorgfältiger Diagnostik und guter Vorbereitung gibt es immer wieder Betroffene, die sehr wohl von dem vorsichtigen Einsatz von Techniken gegen die Zwänge profitieren können und so an Lebensqualität gewinnen, ohne dass sie psychotisch werden. Sind Sie daran interessiert, sich tiefer in diese Thematik einzuarbeiten, so ist die Arbeit von RUFER & WATZKE (2006) sehr empfehlenswert. Die Autoren gehen ausführlich darauf ein, wann man Zwänge trotz Psychose in der Vorgeschichte mittels Symptomtechniken bearbeiten kann und worauf man achten sollte.

Immer wiederkehrende negative Gedanken und andauerndes Grübeln sind auch typische Symptome einer Depression. ⟵ **Depression**
Im Unterschied zu Zwangskranken betrachten Depressive ihre Gedanken jedoch nicht als unsinnig und persönlichkeitsfremd, sondern halten sie für begründet. Sehr häufig treten Depressionen auch gemeinsam mit Zwangsstörungen auf, man schätzt, dass mindestens ein Drittel der Zwangskranken zusätzlich unter einer Depression leidet. Depressionen können parallel zur Zwangserkrankung auftreten, einer Zwangserkrankung vorausgehen (Zwänge können dann der Depressionsbewältigung dienen) oder als Folge aufgrund der mit der Zwangsstörung verbundenen Beeinträchtigungen auftreten.

Mit Phobien haben Zwangsstörungen die Angst ⟵ **Angsterkrankungen**
vor bestimmten Situationen oder Dingen gemeinsam. Während sich jedoch bei Phobikern die Ängste auf klar definierte Situationen (wie z. B. Höhen, geschlossene Räume usw.) oder Objekte (wie Spinnen, Schlangen usw.) beziehen, die vom Betroffenen nach Möglichkeit vermieden werden, sind bei Zwangserkrankungen die angstauslösenden Situationen

schwerer zu definieren und einzugrenzen. Wenn jemand beispielsweise Ängsten vor Keimen und Bakterien hat, kann alles in seiner Umgebung eine »Keimquelle« sein. Die Person kann nie sicher sein, ob sie nicht mit »gefährlichen« Keimen in Kontakt gekommen ist. Daher sind aktive Strategien zur Angstbewältigung (z. B. Waschen) erforderlich. Doch diese ziehen weitere quälende Fragen nach sich. Nach wie viel Waschen ist jemand keimfrei? Sollte man nicht lieber noch einmal mehr waschen? Ein Zwangskranker hat viel größere Schwierigkeiten zu sagen, wann es genug ist. Häufig suchen sich Betroffene daher Kriterien, wann sie aufhören können, die subjektiv plausibel, aber nicht objektiv sinnvoll sind. Beispielsweise muss ein Ritual achtmal durchgeführt werden, weil Acht eine gute Zahl ist. Jemand mit einer Spinnenphobie dagegen sieht die Spinne an der Wand und geht ihr aus dem Weg, Vermeidung ist ausreichend, er muss nicht noch andere Strategien ergreifen.

Immer wiederkehrende Gedanken sind auch bei der generalisierten Angsterkrankung von großer Bedeutung. Im Gegensatz zu Zwangsstörungen handelt es sich bei diesen Gedanken jedoch um übertriebene Sorgen über reale Lebensprobleme, während Zwangsgedanken durch das Unsinnige ihrer Inhalte gekennzeichnet sind. Außerdem führen Menschen mit einer generalisierten Angsterkrankung keine Zwangshandlungen zur Bewältigung der Ängste aus.

Bei Suchterkrankungen berichten Betroffene ⟵ **Suchterkrankungen** von einem starken Drang nach Konsum einer Substanz (z. B. von Alkohol) oder Ausführung eines bestimmten Verhaltens (z. B. am Glücksspielautomaten zu spielen), obwohl dadurch aktuell oder in naher Zukunft große Probleme zu erwarten sind (z. B. drohende Verschuldung oder Scheidung). Bei Zwangserkrankungen geben Betroffene ebenfalls an, dass sie sich sehr stark gedrängt fühlen, eine bestimmte Handlung immer wieder auszuführen. Während aber bei Suchterkrankungen im Normalfall das problematische Verhalten während der Ausführung als positiv empfunden wird, üben Zwangskranke ihre Zwänge nur sehr widerstrebend aus. Nicht selten kommt es aber vor, dass jemand unter beiden Erkrankungen leidet. Häufig dient die Suchterkrankung der Bewältigung der Zwangserkrankung, beispielsweise weil Zwänge unter Alkoholeinfluss weniger werden. Auch der umgekehrte Fall tritt auf, dass jemand zuerst an einer Abhängigkeitserkrankung leidet und später eine Zwangserkrankung entwickelt, um die Abhängigkeitserkrankung zu bewältigen. Als Beispiel sei eine trockene Alkoholikerin genannt, die aufgrund ihrer Ordnungszwänge kaum mehr das Haus verließ und deswegen auch nicht mehr in Kneipen gehen konnte, wo ihr Rückfallrisiko am höchsten war.

Zuletzt soll noch die zwanghafte Persönlichkeitsstörung beschrieben werden, da diese oft mit Zwangserkrankungen verwechselt wird. Menschen mit einer zwanghaften Persönlichkeitsstörung sind durch Perfektionismus, starke Leistungsorientiertheit, Pedanterie, Rigidität und Eigensinn gekennzeichnet. Hierbei handelt es sich um Eigenschaften, die von der Person als zu ihr gehörig und nicht als Krankheit bewertet werden. Zwangssymptome werden dagegen von den Betroffenen als nicht zu ihnen gehörig, sondern als Krankheit empfunden. Zwangskranke können eine zwanghafte Persönlichkeitsstörung haben, müssen es aber nicht. Genauso gibt es viele Menschen, die von ihrer Art her zwanghaft sind oder eine zwanghafte Persönlichkeitsstörung haben, bei denen jedoch keine Zwangsstörung vorliegt.

↢ **Zwanghafte Persönlichkeitsstörung**

Wann und warum Betroffene in Behandlung kommen

Durchschnittlich dauert es immer noch mehr als sieben Jahre, bis Zwangskranke sich in Behandlung begeben. Die Gründe für diese lange Zeitdauer sind unterschiedlich. Einem Teil der Betroffenen ist es nicht bekannt, dass sie unter einer behandlungsbedürftigen Erkrankung leiden, sie schämen sich, dass sie bestimmte Handlungen immer wieder ausführen müssen, obwohl sie wissen, dass es »Unsinn« ist, und befürchten, dass andere sie für verrückt halten. Das ist bedauerlich, denn die Aussichten auf ein gutes Therapieergebnis sind besser, wenn Betroffene bald nach Beginn der Erkrankung und auf eigenen Wunsch in die Behandlung kommen. Mit zunehmender Dauer der Erkrankung besteht das Risiko, dass Zwänge sich verfestigen und darum schwerer aufzulösen sind. Häufig nehmen sie im Laufe der Zeit auch einen immer größeren Stellenwert im Alltag des Betroffenen ein und dies zulasten sinnvoller und positiver Aktivitäten, die mehr und mehr verlernt werden.

MERKE → Besteht die Erkrankung schon länger, sollte sich der Helfer darauf einstellen, dass Veränderungen möglicherweise nur sehr langsam und in kleinen Schritten vorangehen und der Betroffene außerdem seine Unterstützung nicht nur bezüglich der Zwänge, sondern auch bezüglich vieler anderer Lebensbereiche benötigt.

Andere Betroffene wiederum kommen erst auf Druck von Angehörigen in die Therapie. Diese sind sehr oft in die Symptomatik eingebunden, vor allem wenn sie mit dem Betroffenen zusammenwohnen. Eine Ehefrau hilft ihrem Mann, der unter einem starken Kontrollzwang leidet, indem sie beim Verlassen des Hauses kontrolliert, ob die elektrischen Geräte aus sind. Ein Ehemann zieht auf Drängen seiner Ehefrau nach dem Betreten der Wohnung seine Kleidung aus, die mit dem »Schmutz« von draußen in Berührung gekommen ist, und geht gleich unter die Dusche. Eine andere Betroffene, die stets fürchtet, dass sie etwas nicht richtig erzählt und man sie deshalb falsch einschätzen könnte, muss sich immer wieder bei ihrem Partner rückversichern, dass sie etwas richtig gesagt hat. Dieser sieht einerseits die Not seiner Partnerin, wird aber gleichzeitig immer aggressiver, weil ihn diese ständigen Fragen so nerven. Nicht unerwähnt bleiben sollen auch der Ehemann und die Kinder einer Betroffenen mit einem Sammelzwang, die seit Jahren nicht mehr in der Küche essen können, weil diese nicht mehr begehbar ist. Die Betroffene kommt erst in Therapie, als der Mann mit Trennung droht. Häufig rufen auch Eltern von erwachsen gewordenen Kindern bei Therapeuten an, weil ihr Kind mit seinem Zwang den gesamten Haushalt »tyrannisiert«, die Eltern völlig hilflos sind und wissen wollen, wie sie ihr Kind überzeugen können, dass es sich in eine Behandlung begibt. Es ist leicht nachvollziehbar, dass Angehörige häufig sehr unter der Symptomatik des Betroffenen leiden. Sie fühlen sich eingeengt durch die Zwänge des Betroffenen und die geforderte »Mitarbeit beim Zwang«, während positive Aktivitäten und Unternehmungen mit dem Betroffenen immer seltener werden.

Wenn Betroffene noch unentschieden bezüglich der Aufnahme einer Behandlung sind, so gibt oft der Druck des Angehörigen den Anstoß, doch etwas gegen den Zwang zu unternehmen. Für den Helfer kann dies bedeuten, dass er einem unwilligen Betroffenen gegenübersitzt, der noch sehr ambivalent bezüglich einer Änderung der Symptomatik ist und der Unterstützung bei der Entscheidung für oder gegen eine weitere Therapie benötigt. ➞ **Problem der Ambivalenz, Seite 99 ff.**

Gleichzeitig kann der Helfer auch von stark belasteten Angehörigen sehr unter Druck gesetzt werden, dafür zu sorgen, dass die Zwänge lieber heute als morgen verschwinden. Wichtig ist es dann, einen möglichst klaren Kopf zu behalten, Verständnis zu äußern, aber dem Druck nicht nachzugeben, sondern sich in Ruhe selbst ein Bild zu machen. Ein Helfer könnte beispielsweise zu einer Ehefrau eines Zwangskranken sagen: »Ich kann verstehen, dass Sie sehr belastet (verärgert, eingeschränkt ...) sind durch die Zwangserkrankung Ihres Partners. Wir möchten uns zunächst ein Bild machen und Ihren Partner und seine Erkrankung besser kennen lernen. Dann können wir ihn besser dabei unterstützen, seine Zwänge loszuwerden. Wenn Sie einverstanden sind, würden wir in der nächsten Zeit auch gern einmal Ihre Sicht kennen lernen. Später in der Therapie können wir dann besprechen, wie Sie mit der Erkrankung umgehen können und was Ihnen guttun würde. Aber zuerst einmal möchte ich Sie noch um etwas Geduld bitten. Wir brauchen noch etwas Zeit, bis die eigentliche Therapie anfängt.« ➞ **Einbeziehung der Angehörigen, Seite 84**

Entstehung und Aufrechterhaltung von Zwangserkrankungen

Nach wie vor gibt es kein einheitliches Erklärungsmodell für die Entstehung und Aufrechthaltung der Zwangserkrankung, sondern mehrere Ansätze, die sich gegenseitig ergänzen. Einige Modelle, die eine wichtige Grundlage für die verhaltenstherapeutische und medikamentöse Behandlung darstellen, werden im Folgenden vorgestellt. Sie zu kennen ist aus verschiedenen Gründen wichtig:

Erstens liefern diese Modelle eine plausible Erklärung für verschiedene Behandlungsstrategien, insbesondere für die Methode der Exposition. ⇁ Exposition, Seite 69 ff.

Zweitens können Sie als Helfer Zwangskranke besser beraten, wenn Sie selbst eine Vorstellung davon haben, was in der Therapie auf die Betroffenen zukommt und warum es auf sie zukommt.

Wenn Sie selbst mitverantwortlich sind für die Therapie, können Sie Betroffene besser motivieren, indem Sie ihnen die Therapieprinzipien anhand von deren eigenen Zwängen erklären. Und wenn Sie an bestimmten Maßnahmen beteiligt sind – beispielsweise als Ko-Therapeutin bei Expositionsübungen –, können Sie den Zwangskranken besser begleiten und unterstützen, wenn Sie selbst das Therapieprinzip verstanden haben.

Neben diesen allgemeinen Modellen, die sich auf »die Zwangskranken« beziehen, ist natürlich die individuelle Perspektive sehr wichtig: Warum hat eine bestimmte Person gerade diese Zwänge, wie werden sie aufrechterhalten, wie können sie weniger werden. Überlegungen zu diesen Fragen werden gemeinsam mit dem Betroffenen zu einem plausiblen individuellen Erklärungsmodell zusammengetragen. Diesem Thema ist der zweite Teil dieses Kapitels gewidmet.

Allgemeine Erklärungsmodelle
Das Zwei-Faktoren-Modell

Das Zwei-Faktoren-Modell von Mowrer (1947) erklärt die Entstehung von Zwängen folgendermaßen: Eine Person erlebt ein belastendes Ereignis. Dabei wird etwas ursprünglich Neutrales mit dem Ereignis verknüpft und wirkt in Zukunft ebenfalls belastend (klassisches Konditionieren).

BEISPIEL → Ein Au-pair-Mädchen fühlt sich in ihrer Gastfamilie, die sie als sehr schmutzig empfindet, überhaupt nicht wohl. An einem Morgen kommt sie in die Küche und sieht, wie die zweijährige Tochter der Familie und die Katze, der krankheitsbedingt irgendwelche Flüssigkeiten aus Augen und Nase laufen, von einem Teller essen. Fluchtartig rennt sie aus der Küche und bricht den Aufenthalt ab. Danach entwickelt sie solche Ängste, mit Katzen in Kontakt zu kommen und krank zu werden, dass sie sich lange waschen muss, sobald sie eine Katze sieht. Die Ängste breiten sich sehr schnell aus: Erst sind es nur Katzen, dann auch Katzenbesitzer und Gegenstände, die möglicherweise von Katzen berührt worden sind, die diese Ängste auslösen.

Dass Zwänge nicht wieder von selbst verschwinden, erklärt Mowrer damit, dass Zwangshandlungen schnell eine wichtige Funktion bekommen. Wenn das Au-pair-Mädchen beispielsweise einem Katzenbesitzer die Hand gibt, wäscht sie hinterher stundenlang ihre Kleidung und sich selbst, um die befürchtete Ansteckung zu verhindern. Durch das Waschen bewältigt sie ihre Angst. Sie findet das Waschen zwar deutlich übertrieben, gleichzeitig ist ihr Gesundbleiben ein Beweis für sie, dass es doch sinnvoll ist zu waschen, denn: »Wenn ich mich nicht gewaschen hätte, wäre ich krank geworden.« Dieser Mechanismus, man spricht auch von negativer Verstärkung, findet sich sehr häufig bei Zwangshandlungen und erklärt, warum sie so stabil und hartnäckig sind. »Wenn ich nicht [die Zwangshandlung] gemacht hätte, wäre [etwas Schlimmes] passiert.« Die Zwangshandlung wird sozusagen wegen ihres Effektes eingesetzt. Nachteilig ist, dass das Au-pair-Mädchen nicht die Erfahrung macht, dass das befürchtete Ereignis auch nicht eingetreten wäre, wenn sie sich und ihre Kleidung nicht gewaschen hätte. Es fehlt der Realitätstest. Besteht dieser Mechanismus über längere Zeit, so ist er kaum noch widerlegbar. Bei einem Husten wird dann z. B. nicht gedacht: »Ich huste. Das ist ein Beleg dafür, dass das lange Waschen unsinnig ist, also kann ich damit aufhören.«, sondern: »Oje, ich huste. Ich habe noch nicht gut genug gewaschen. Ich muss noch gründlicher und noch länger waschen.«

Man findet diesen Mechanismus auch im Alltag. Viele Leute klopfen dreimal auf Holz, wenn sie sich vor dem Eintritt negativer Ereignisse »schützen« wollen. Sie wissen zwar eigentlich, dass das Klopfen keine Schutzwirkung hat, aber man kann ja nie wissen. Ein weiteres Beispiel sind Maskottchen, die einem helfen sollen, dass gute Ereignisse eintreten bzw. schlechte nicht eintreten. So mancher Sportler denkt vermutlich nach einem gewonnenen Spiel: »Wie gut, dass ich mein Maskottchen dabeihatte. Sonst hätten wir das Spiel verloren.«

Dieser Mechanismus liefert übrigens nicht nur eine plausible Erklärung, warum Zwangshandlungen nicht verschwinden, obwohl sie auf den ersten Blick unsinnig erscheinen, sondern er lässt sich auch auf Vermeidungsverhalten übertragen: »Wie gut, dass ich den Besuch bei Herrn Schlott vermieden habe. Der hat eine Katze, da hätte ich krank werden können. Außerdem hätte ich hinterher wieder so lange die Wäsche waschen müssen.«

Wie kann man aber diesen Mechanismus den Betroffenen verdeutlichen? LAKATOS und REINECKER (1999, S. 61) tun dies mit Hilfe eines kleinen Witzes: »Ein Mann sitzt in der Straßenbahn und schnippt immer mit den Fingern. Schließlich werden die Umsitzenden darauf aufmerksam und eine Dame fragt: ›Sagen Sie mal, warum schnippen Sie denn immer mit den Fingern?‹ Darauf sagt der Mann: ›Ja, damit es keine Elefanten regnet.‹ ›Aber es regnet doch gar keine Elefanten!‹, entgegnet die Dame. ›Sehen Sie!‹, freut sich der Mann.« Dass es keine Elefanten regnet, bestätigt den Mann immer mehr in der falschen Überzeugung, dass das Schnippen sinnvoll ist. So kann er nicht die Erfahrung machen, dass es auch ohne Schnippen keine Elefanten regnen würde.

Diesen Witz kann man als Anlass nehmen, um mit dem Betroffenen zu besprechen, welcher Mechanismus sich hinter seiner Zwangshandlung verbirgt. ⤳ **Vermittlung des individuellen Erklärungsmodells, Seite 41 f.**

Das Zwei-Faktoren-Modell ist sehr hilfreich, um zu erklären, wie Zwänge aufrechterhalten werden. Der Mechanismus erscheint unmittelbar einleuchtend und sehr plausibel. Später wird noch deutlich werden, dass sich aus diesem Mechanismus auch schlüssig das Konzept der Exposition ableiten lässt.

MERKE ⤳ **Für die Erklärung der Entstehung von Zwangserkrankungen ist das Zwei-Faktoren-Modell weniger gut geeignet. Viele Zwangskranke berichten von keinem belastenden oder traumatischen Ereignis am Beginn ihrer Zwänge, und es ist unwahrscheinlich, dass sich alle nur nicht erinnern. Eine plausiblere Erklärung liefert hier das kognitiv-behaviorale Erklärungsmodell.**

Das kognitiv-behaviorale Erklärungsmodell

Dieses Modell, entwickelt von Salkovskis und seiner Arbeitsgruppe (vgl. SALKOVSKIS & WAHL 2002), beschreibt die Entstehung von Zwangsstörungen, insbesondere von Zwangsgedanken. Es integriert außerdem Elemente des Zwei-Faktoren-Modells zur Erklärung der Aufrechterhaltung von Zwängen.

Grundlage des kognitiv-behavioralen Modells ist die Annahme, dass sich Zwangsgedanken aus aufdringlichen, aber völlig normalen Gedanken entwickeln, die jeder Mensch hat. Zu Zwangsgedanken werden solche Gedanken erst, wenn der Betroffene ihnen aufgrund von Fehlinterpretationen eine bestimmte negative Bedeutung zuschreibt.

BEISPIEL ⤳ Eine sehr unsichere, frisch verheiratete Ehefrau denkt beim Bügeln einer Bluse das Wort »Scheidung«. Sie bekommt einen großen Schreck und fürchtet, dass das Gebügelte mit dem Wort »Scheidung« »infiziert« ist und die Gefahr besteht, dass ihr Mann sie verlassen und sich scheiden lassen könnte. Sie muss erst zum Wasserhahn, sich kurz die Hände waschen und dann das Bügeln der Bluse so lange wiederholen, bis sie es ohne das Denken des Wortes »Scheidung« geschafft hat.

Eine selbstsichere Ehefrau ohne Zwangsgedanken hätte möglicherweise ganz anders reagiert: »Scheidung? Was denke ich denn für einen Quatsch?«, oder: »Scheidung, wie komme ich jetzt da drauf? Ach ja, Elvira hat gestern erzählt, dass Hans und Sabine sich scheiden lassen ...« Für sie hat das Wort keine Bedeutung dahingehend, dass allein durch das Denken des Wortes schon die Gefahr einer tatsächlichen Scheidung besteht, die sie verhindern müsste.

Auch das kognitiv-behaviorale Modell erklärt die Aufrechterhaltung der Zwänge damit, dass der Betroffene ungünstige Bewältigungsstrategien einsetzt. Diese bringen zwar kurzfristig Erleichterung und erscheinen dadurch hilfreich, längerfristig führen sie aber dazu, dass Zwänge zunehmen. In unserem Beispiel

- muss die Frau die Bluse so lange bügeln, bis sie es ohne das Denken des Wortes »Scheidung« geschafft hat (Neutralisierung von Zwangsgedanken durch Zwangshandlungen);
- lässt sie sich von ihrem Mann immer wieder bestätigen, dass er sich nicht scheiden lassen will (Beruhigung durch Rückversichern);
- liest sie keine Artikel mehr, in denen das Wort »Scheidung« auftauchen könnte (Vermeidungsverhalten);
- verbietet sie sich selbst, das Wort »Scheidung« zu denken (Gedankenunterdrückung); dass diese Strategie ungünstig ist, werden Sie umgehend erfahren, wenn Sie sich vornehmen, jetzt selbst nicht (!) an einen rosa Elefanten zu denken.

Im Laufe einer Zwangserkrankung entwickeln sich häufig eine erhöhte Sensibilität und Aufmerksamkeit für »bedrohliche« Auslöser. Die oben genannte Ehefrau beispielsweise hält im Alltag nach »gefährlichen« Wörtern Ausschau, um der »Gefahr« zu begegnen. Dies führt dazu, dass sie die »gefährlichen« Wörter viel öfter wahrnimmt. Problematisch ist außerdem, dass sie sehr schnell Verknüpfungen mit anderen ursprünglich neutralen Dingen herstellt (man spricht hier von Generalisierung), die dann ebenfalls »gefährlich« werden. So fällt der Ehefrau in einer Buchhandlung ein Buch mit der Aufschrift »Trennkost« auf. Bei Trennkost fällt ihr das Wort »trennen« ein, dann denkt sie an »Scheidung«. Das nächste Mal muss sie schon die Hände waschen, wenn sie eine Buchhandlung sieht. Eine Zusammenfassung gibt Abbildung 2:

ABBILDUNG 2 Entstehung und Aufrechterhaltung von Zwängen
(nach Salkovskis & Wahl 2002)

Aufdringlicher Gedanke Bewertung Zwangskranker: Gefahr!
→ Angst, Ekel, Unruhe
→ Handlungsbedarf
→ Zwangshandlungen und ggf. andere Strategien wie Vermeidung und Gedankenunterdrückung
→ kurzfristig: Erleichterung
→ längerfristig: Gedanken werden mehr und breiten sich aus, Fehlbewertungen werden gestützt und nicht widerlegt (»Hätte ich mir nicht die Hände gewaschen, so würde sich mein Mann scheiden lassen!«)

Untersuchungen haben ergeben, dass ↤ **Problematische Bewertungen** sich Zwangskranke in mehreren Bereichen in ihren Bewertungen von Gesunden unterscheiden. Viele Betroffene neigen dazu, Risiken zu überschätzen, so wie die Ehefrau, die überall die Gefahr einer Scheidung sieht. Ein anderes Beispiel ist jemand mit Kontrollzwängen, der denkt: »Das Haus brennt ab, wenn ich vergesse, den Herd auszumachen.« Dass das nicht der Fall sein muss, werden diejenigen bestätigen können, die einmal vergessen haben, den Herd auszuschalten und bei ihrer Rückkehr einige Stunden später feststellen konnten, dass Haus, Küche und Herd noch unversehrt waren.

Eine weitere problematische Einstellung ist ein überhöhtes Verantwortungsgefühl. Ein Zwangskranker könnte beim Anblick einer Bananenschale auf der Straße denken: »Wenn ich die Bananenschale nicht wegräume, dann ist es meine Schuld, wenn jemand darauf ausrutscht und sich ein Bein bricht.« Viele Gesunde würden sich nicht einmal dafür verantwortlich fühlen, wenn sie selbst die Bananenschale dort hingeworfen hätten (»Soll er doch besser aufpassen, wohin er tritt ...«). Bei anderen kann die problematische Bewertung darin liegen, dass die Bedeutung eines Gedankens überschätzt wird. Eine gestresste Mutter hat beispielsweise den Gedanken: »Ich könnte mein Kind schlagen«, bekommt einen fürchterlichen Schreck und denkt: »Wer so etwas denkt, tut es auch. Ich bin eine ganz schlechte Mutter! Ich darf diesen Gedanken auf keinen Fall denken!« Eine andere Mutter würde so einen Gedanken vielleicht folgendermaßen bewerten: »Mein Kind ist ab und zu ganz schön anstrengend, da ist es normal, wenn ich manchmal solche Gedanken habe. Etwas zu denken ist aber etwas anderes, als etwas zu tun. Ich bin keine schlechte Mutter.«

MERKE → Für Betroffene ist es sehr entlastend, wenn Helfer ihnen erklären, dass bestimmte Denkmuster Teil der Zwangserkrankung sind und bestimmte Mechanismen die Zwangserkrankung aufrechterhalten. Dadurch wird die Erkrankung verstehbar, und Betroffene bekommen eine erste Vorstellung davon, dass sie der Erkrankung nicht hilflos ausgeliefert sind, sondern etwas tun können.

Damit es nicht zu kompliziert wird, sollte ein Helfer immer diejenigen Bausteine des Modells verwenden, die auf sein Gegenüber zutreffen, nicht das ganze Modell. Er würde beispielsweise der Ehefrau mit der Furcht vor einer Scheidung nur die Überschätzung der Bedeutung von Gedanken, die erhöhte Sensibilität für Auslöser, die ungünstigen Strategien des Vermeidens, der Zwangshandlungen und der Gedankenunterdrückung erklären: »Denken Sie mal auf keinen Fall an einen rosa Elefanten! ... Und was geht Ihnen jetzt durch den Kopf?« Bei einem Zwangskranken mit Kontrollzwängen würde er die Neigung, die Wahrscheinlichkeit von Gefahren zu überschätzen und die ungünstigen Strategien des Neutralisierens durch Zwangshandlungen und der Vermeidung herausstellen. Gedankenunterdrückung würde er diesem Zwangskranken nicht erklären, da sie bei ihm keine Rolle spielt.

Neurobiologische Erklärungsansätze
Verschiedene Befunde der letzten Jahre liefern Bausteine zum verbesserten Verständnis der neurobiologischen Ursachen von Zwangserkrankungen. Die Ergebnisse lassen insgesamt den Schluss zu, dass nicht einzelne Gebiete im Gehirn, sondern bestimmte Regelkreisläufe, die die Zusammenarbeit verschiedener Gebiete betreffen, gestört sind. Untersuchungen des Gehirns mit bildgebenden Verfahren ergaben beispielsweise, dass die Stoffwechselaktivität in bestimmten Hirnarealen erhöht ist. Die Wirksamkeit bestimmter Psychopharmaka, der (selektiven) Serotoninwiederaufnahmehemmer (SRIs oder SSRIs), in der Behandlung von Zwangserkrankungen weisen auf die Beteiligung des Botenstoffes Serotonin bei Zwangserkrankungen hin. Diese Ergebnisse sind jedoch noch wenig spezifisch, da Serotonin auch bei anderen psychischen Erkrankungen beteiligt ist.
Die Bedeutung der Befunde für die Klärung der Ursachen der Zwangsstörung ist noch offen. Interessant ist, dass sich diese Auffälligkeiten nach erfolgreicher verhaltenstherapeutischer Behandlung normalisieren.
Therapierelevanz kommt neurobiologischen Erkenntnissen in mehrerlei Hinsicht zu. Bei Erklärung der neurobiologischen Zusammenhänge können Betroffene besser nachvollziehen, warum die Einnahme von SSRIs sinnvoll sein kann, nämlich zur Regulierung des Hirnstoffwechsels (wobei dies natürlich stark vereinfacht ist). Außerdem kann Betroffenen dieses Wissen eine stärkere Distanzierung von ihren Zwängen erleichtern und somit die Motivation für die Therapie erhöhen. Die 4-Stufen-Methode, die Sie später bei der Beschreibung verhaltenstherapeutischer

Techniken gegen die Zwänge noch kennen lernen, baut auf diesen Erkenntnissen auf (»Das ist nicht die Wirklichkeit, sondern nur eine falsche Botschaft des Gehirns«, SCHWARTZ & BEYETTE 2000).

In jüngerer Zeit macht außerdem ein Verfahren in der Neurochirurgie, die Tiefenhirnstimulation, von sich reden. Dabei werden Sonden in bestimmte Gehirnregionen und ein Impulsgeber nahe des Schlüsselbeins eingesetzt, um elektrische Aktivitäten der Nervenzellen zu regulieren. Mittels dieser Methode ließen sich Zwangssymptome verringern. Dieses Verfahren ist jedoch noch sehr neu und wurde bislang erst bei wenigen schwerstbetroffenen Patienten eingesetzt, denen weder Verhaltenstherapie noch Pharmakotherapie helfen konnten. Zum therapeutischen Alltag gehört dieses Verfahren nicht, dafür muss es erst noch weiter untersucht werden.

Individuelle Erklärungsmodelle

Die beschriebenen Modelle versuchen, die Entstehung und Aufrechterhaltung von Zwangsstörungen allgemein zu erklären, die Frage »Warum habe gerade ich diese Zwänge?« wird damit nicht beantwortet. Den meisten Kranken – nicht nur Zwangserkrankten – ist es jedoch ein wichtiges Anliegen zu verstehen, warum sie an ihrer Problematik leiden. Helfer und Betroffener versuchen daher gemeinsam, ein individuelles und plausibel erscheinendes Modell für die Entstehung und Aufrechterhaltung der Zwänge vor dem Hintergrund lebensgeschichtlicher Erfahrungen zu entwickeln, wobei in der Regel der Helfer den aktiveren Part in der Zusammenarbeit übernimmt. Der Blick ist dabei notwendigerweise rückwärts gerichtet, d.h., bei einem Betroffenen wird die Vergangenheit bis zum aktuellen Zeitpunkt betrachtet, um Hypothesen zur Entstehung und Aufrechterhaltung der Erkrankung zu finden. Es geht dabei nicht darum, dass das Erklärungsmodell stimmt, sondern es sollte dem Helfer, vor allem aber dem Betroffenen plausibel erscheinen.

MERKE → Das individuelle Erklärungsmodell hat eine große Bedeutung in jeder länger dauernden Zusammenarbeit. Es verhilft Helfern, Betroffenen und Angehörigen zu mehr Verständnis für die Erkrankung, und es gibt wichtige Impulse und Anregungen für die Ableitung von Therapiezielen und Behandlungsstrategien.

Welche Bedeutung das Erklärungsmodell in der Arbeit eines spezifischen Helfers hat, ist unterschiedlich. Einen zentralen Stellenwert nimmt es in einer Verhaltenstherapie ein. Dies ist die Aufgabe des psychologischen oder ärztlichen Psychotherapeuten, der idealerweise genügend Zeit hat, zunächst Informationen zu sammeln, um diese dann gemeinsam mit seinem Patienten in einem individuellen Erklärungsmodell zusammenzutragen. Sind Ko-Therapeuten anderer Berufsgruppen, beispielsweise der Pflege, in die Behandlung involviert, so sollten diese möglichst eng in die Erarbeitung des Modells einbezogen werden.

In anderen Arbeitsbereichen bestehen oft nicht die personellen und zeitlichen Ressourcen, ein plausibles Modell mit der wünschenswerten Detailliertheit auf der Basis einer fundierten verhaltenstherapeutischen Aus- oder Weiterbildung zu erarbeiten. Ein gemeinsames Gespräch mit dem Betroffenen über diese Fragen: »Warum habe ich diese Zwänge? Was in meinem Leben hat mich geprägt, was für die Zwänge von Bedeutung sein könnte?«, sollte trotzdem stattfinden, insbesondere dann, wenn es dem Betroffenen ein dringendes Anliegen ist. Setzen Sie sich dabei jedoch nicht unter Druck, ein »allumfassendes« Erklärungsmodell zu erarbeiten (das gibt es sowieso nicht), jeder Zusammenhang, den Sie gemeinsam für plausibel erachten, ist ein Erkenntnisgewinn, der für den Betroffenen hilfreich sein kann.

Im Folgenden werden die einzelnen Komponenten eines individuellen Erklärungsmodells vorgestellt. Die Darstellung soll als Anregung dienen, worauf man den Blick richten und was wichtig sein könnte – insbesondere für diejenigen Leser, die in Eigenregie in einem nicht verhaltenstherapeutisch ausgerichteten Umfeld arbeiten. Das Erklärungsmodell ist auch wichtig für die Ableitung von Therapiezielen und die Begründung verhaltenstherapeutischer Techniken. Wenn Sie verhaltenstherapeutisch arbeiten oder verhaltenstherapeutische Elemente einbauen wollen, so werden Sie im Folgenden auch dazu Anregungen finden, worauf man den Blick richten und was wichtig sein könnte. Sind Sie an einer ausführlicheren Darstellung der gesamten Thematik interessiert, so sei auf die allgemeine Beschreibung von ZARBOCK (1996) verwiesen.

Die Makroanalyse

Bei der Makroanalyse wird nach Hypothesen für die Entstehung und Aufrechterhaltung der Zwänge vor dem Hintergrund der Lebensgeschichte gesucht. Zwangserkrankter und Helfer richten den Blick auf das gesamte Leben des Betroffenen bis zur Gegenwart wie mit einer Kamera mit Weitwinkelperspektive. Dabei werden Fragen zu folgenden Themen geklärt:

- die Entstehungsbedingungen für die Zwänge
- Beginn und Verlauf der Erkrankung
- aufrechterhaltende Faktoren der Symptomatik
- längerfristige Folgen der Erkrankung
- Ressourcen

Entstehungsbedingungen für die Zwänge

Allgemeine Fragen: Welche Erfahrungen aus der Lebensgeschichte könnten wichtig für die Entstehung der Zwänge sein? Wie ist der Betroffene zu der heutigen Persönlichkeit geworden? Was hat ihn geprägt, was eine Bedeutung für die Zwänge haben könnte?

Fragen zur Herkunftsfamilie: Wie war die Atmosphäre in der Familie? Hat sich der Betroffene geliebt gefühlt oder wurde nur materiell, aber nicht emotional gut für ihn gesorgt? Welche Normen und Wertvorstellungen haben die Eltern vermittelt? War es z. B. wichtiger, was die Nachbarn sagten, als auf die eigenen Wünsche zu hören? Haben die Eltern den

Kindern Freiheiten gelassen oder waren sie überfürsorglich? Wie wurde mit Fehlern umgegangen, gehörten sie zum Leben dazu oder wurden sie streng bestraft? Litt ein Elternteil selbst an leichten oder stärkeren Zwangssymptomen? Welche Stärken und Fähigkeiten führt der Betroffene auf seine Herkunftsfamilie zurück?

BEISPIEL → Herr Reinfeld, ein 34-jähriger Automechaniker, leidet unter ausgeprägten Kontrollzwängen. Er erzählt, dass sein Vater in der Erziehung sehr viel Wert auf gute Leistungen gelegt hat. Er sei sehr streng gewesen, Lob habe es selten gegeben. Der Vater selbst sei ein ausgeprägter Perfektionist gewesen. Wenn es etwas zu reparieren gab, habe er immer wieder kontrolliert und nachgearbeitet, bis alles perfekt ausgeführt war. Herr Reinfeld kommt in Behandlung, weil er in seinem Beruf Schwierigkeiten hat: Ausgeführte Arbeiten muss er immer wieder kontrollieren und wird daher oft in der vorgegebenen Zeit nicht fertig.

Der Therapeut bespricht mit Herrn Reinfeld, dass vermutlich mehrere Risikobausteine für die Entstehung einer Zwangserkrankung vorhanden sind: der Vater als Modell für Gründlichkeit und Neigung zu ausgeprägtem Kontrollieren, der Erziehungsstil, in welchem bestimmte Werte vermittelt wurden, die Persönlichkeit von Herrn Reinfeld mit perfektionistischen Leistungsansprüchen an sich selbst. Therapeut und Herr Reinfeld sind sich dabei einig, dass diese hohen Ansprüche eine wertvolle Eigenschaft sind, die ihn zu einem hochgeschätzten Angestellten machen, die jedoch so stark ausgeprägt sind, dass Herr Reinfeld seinen Arbeitsalltag als sehr stressig empfindet und kaum mehr bewältigen kann. Bezüglich der Therapieziele stimmen beide überein, dass Herr Reinfeld neben der Reduktion der Zwänge lernen sollte, sich Fehler zu verzeihen und weniger perfektionistisch zu sein. Für sich überlegt sich der Therapeut außerdem noch, dass Herr Reinfeld möglicherweise auch im Gespräch mit ihm sehr angespannt ist, weil er Angst hat, etwas falsch zu machen. Also achtet er darauf, besonders wertschätzend und ermutigend zu sein.

Fragen zu belastenden und traumatischen Lebensereignissen: Gab es belastende oder traumatische Lebensereignisse wie beispielsweise sexuellen Missbrauch, körperliche Misshandlung oder Verlust eines Elternteils, die eine Rolle bei der Entstehung der Zwänge gespielt haben könnten? Gab es andere Erlebnisse, die von dem Betroffenen als sehr belastend erlebt wurden?

BEISPIEL → Herr Steinhausen gibt an, dass er als Kind lange Zeit gehänselt worden sei. Er sei verunsichert und verängstigt gewesen und habe niemanden gehabt, dem er sich habe anvertrauen können. Als Bewältigungsversuch entwickelte er abergläubische Verhaltensweisen, um sich vor Hänseleien zu schützen (z.B. auf dem Nachhauseweg nicht auf die Ritzen der Gehwegplatten zu treten, um ein gefürchtetes Ereignis zu verhindern). Zunehmend habe er diese eingesetzt, um alle ängstigenden Alltagsanforderungen bewältigen zu können. Mittlerweile seien diese Rituale jedoch so ausgeprägt, dass er seinem Beruf nicht mehr nachgehen könne.

In der Therapie wird es nicht nur darum gehen, dass Herr Steinhausen seine Zwänge loswird, sondern dass er mehr Selbstsicherheit und Selbstvertrauen erwirbt, sonst wird er seine Zwänge bald wieder als »Alltagshelfer« benötigen. Der Helfer überlegt sich außerdem, dass Herr Steinhausen möglicherweise auch ihm gegenüber sehr misstrauisch sein könnte. Wie der Therapeut von Herrn Reinfeld achtet er darauf, besonders wertschätzend zu sein. Außerdem nimmt er sich viel Zeit, damit Herr Steinhausen Vertrauen aufbauen kann.

Beginn und Verlauf der Erkrankung

Unter welchen Lebensbedingungen ist die Zwangserkrankung zum ersten Mal aufgetreten? Gab es ungünstige Ereignisse, als der Zwang begann? Und wie ging es weiter: Wann und unter welchen Bedingungen wurde die Erkrankung stärker? Wann schwächer? Wie waren die Lebensumstände in krankheitsfreien Phasen?

Auch hier bekommt man wichtige Informationen über günstige und ungünstige Bedingungen, sei es in der Umwelt, sei es in der Person, die zum Verstehen der Erkrankung beitragen können. In der Therapie geht es neben der direkten Behandlung der Zwänge auch immer darum, günstige Bedingungen zu vermehren und ungünstige Bedingungen zu verringern.

Aufrechterhaltende Faktoren der Symptomatik

Was hält die Zwangserkrankung aktuell aufrecht? Bestehen die Entstehungsbedingungen weiter fort – hat jemand beispielsweise immer noch schreckliche Angst, einen Fehler zu machen, oder kann er damit inzwischen lockerer umgehen? Gibt es ungünstige Bedingungen in der momentanen Lebenssituation, die Zwänge fördern – etwa am Arbeitsplatz die Einführung eines neuen Dokumentationssystems bei jemandem, der immer alles 100%ig erledigen möchte und der sich nun überfordert fühlt? Welchen Zweck hat die Zwangsstörung bei der Lebensbewältigung des Betroffenen? »Helfen« die Zwänge z. B., eine »hinter« den Zwängen liegende Depression zu »bewältigen«, indem sie dafür sorgen, dass der Betroffene ständig mit Zwangssymptomen beschäftigt ist? Könnten Zwänge die Funktion eines Ersatzberufes haben, wenn beispielsweise das Ordnen nach der Berentung zu Ordnungszwängen eskaliert? Welche Bedeutung hat die Erkrankung für den Betroffenen im Umgang mit anderen Personen? Kümmern sich beispielsweise Partnerin und Freunde wieder mehr um den Betroffenen, weil er durch die Zwänge so belastet ist? Sind sie ein (meist unbewusstes) Ventil für Aggressionen oder eine »Waffe« in sozialen Machtkämpfen (HAND 2006)?

Auch die Analyse der aufrechterhaltenden Faktoren hat den Zweck, neben dem Verstehen der Erkrankung vor dem Hintergrund der Lebenssituation Ansatzpunkte für die weitere Zusammenarbeit zu finden.

BEISPIEL → Ein sehr unsicherer und harmoniebedürftiger 40-jähriger Mann leidet sehr unter seinen bevormundenden Eltern, die ihn immer kritisieren und ihm Vorwürfe machen. Jeden Sonntag, wenn sie ihren Sohn in seinem Wohnheim besuchen, müssen sie lange Zeit im Aufenthaltsraum auf ihn warten, weil er noch seine Ordnungszwänge im Zimmer ausführen muss. Oft wird er erst fertig, wenn die von den Eltern geplante Besuchszeit schon fast vorbei ist.

Der zuständige Sozialarbeiter versucht, zusammen mit dem Mann Möglichkeiten zu entwickeln, wie er den Vorwürfen seiner Eltern begegnen kann und wie er insgesamt die Besuche so gestalten kann, dass sie für alle Beteiligten angenehmer verlaufen.

Längerfristige Folgen der Erkrankung

Eine Zwangserkrankung hat längerfristig in der Regel negative Auswirkungen. Diese geben oft den Ausschlag, dass Betroffene etwas ändern möchten und sich in Therapie begeben. So kann sich die Symptomatik negativ auf den Selbstwert und die Stimmung auswirken: »Warum muss ich immer so etwas Unsinniges tun und kann es nicht lassen!?« Die Ausführung von Zwängen kostet außerdem sehr viel Zeit, die woanders fehlt, die Beziehungen zu anderen Menschen leiden, Freizeitaktivitäten können zwangsbedingt nicht mehr ausgeführt werden, die Lebensqualität sinkt, und es kommt zu Problemen am Arbeitsplatz. Bei stärkeren Zwängen werden möglicherweise bestimmte Lebensziele gefährdet oder nicht erreicht, wie beispielsweise eine Ausbildung abzuschließen oder eine Partnerin kennen zu lernen.

Diese längerfristigen »Kosten« der Erkrankung zu erfassen ist sehr sinnvoll, weil sie eine wichtige Rolle für die Therapiemotivation spielen. Im Gespräch kommen Betroffene meist relativ schnell auf die negativen Folgen der Symptomatik zu sprechen, weil sie ihnen sehr präsent sind. In der Regel lässt sich aus ihnen dann leicht ableiten, warum es sich lohnt, an den Zwängen zu arbeiten.

BEISPIEL → Ein Betroffener klagt: »Meine Frau und ich streiten uns in der letzten Zeit so viel, weil ich so lange dusche.« Der Helfer sagt: »Das heißt, wenn Sie an Ihren Zwängen arbeiten und diese weniger werden, dann würde sich auch das Verhältnis zu Ihrer Frau verbessern.« Er bespricht mit dem Mann, wie ein verbessertes Verhältnis aussehen würde, was die beiden beispielsweise unternehmen würden, um den schönen Zielzustand noch näher zu konkretisieren.

Ressourcen

Bis jetzt wurde sehr viel nach Problemen und Symptomen gefragt. Mindestens genauso wichtig sind aber auch die Fragen nach den Ressourcen. Was kann jemand gut? Welche Stärken und Fähigkeiten hat die Person? Worauf ist sie stolz? Welche Ressourcen gibt es im Umfeld des Betroffenen?

Bereits bei den Entstehungsbedingungen und beim Verlauf haben Sie schon nach Ressourcen, Stärken und günstigen Lebensbedingungen gefragt, gut ist aber, wenn Sie am Ende noch einmal zusammentragen, was Sie alles über diese wissen. Die Erfassung von Ressourcen und Stärken eines Betroffenen ist insbesondere wichtig für die Therapieplanung, da sich diese gut nutzen lassen für die Erreichung der Therapieziele. Für die Betroffenen ist der Blick auf ihre Stärken außerdem wichtig zum Abbau von Demoralisierung und zum Aufbau von Zuversicht im Hinblick auf die Erreichung der Therapieziele.

Angenehme Art, Intelligenz, Attraktivität, Fröhlichkeit fallen auf den ersten Blick als Stärke auf. Humor, Durchhaltevermögen, Loyalität gegenüber Freunden, Gut-zuhören-Können, Hilfsbereitschaft fallen vielleicht erst auf den zweiten Blick auf, sind aber ebenso wertvoll. Hobbys und Interessen gehören genauso zu den Ressourcen wie ein Freundeskreis, eine stützende Partnerschaft, tragfähige Beziehungen, ein Beruf oder eine sinngebende Beschäftigung.

MERKE → Jeder Mensch hat Stärken und Ressourcen.

Wenn es einem manchmal so scheinen mag, dass es bei einem schwer Betroffenen keine Ressourcen gibt, und demjenigen selbst auch keine einfallen, weil er so wenig von sich hält, so geben Sie nicht auf – es lässt sich immer etwas finden. Wenn Sie in einem Team arbeiten, können Sie sich mit anderen austauschen, welche Stärken diese bei dem Betroffenen sehen. Beispielsweise haben Ergotherapeuten oder Sporttherapeuten oft einen ganz anderen Blickwinkel als die Kollegen auf Station, weil sie mit dem Betroffenen in einem ganz anderen Zusammenhang zu tun haben.

Die Mikroanalyse
Bei der Mikroanalyse wird versucht, die Frage nach der Entstehung und Aufrechterhaltung der Zwänge in der Gegenwart zu klären. Dabei werden die Symptomatik selbst, das, was sie ausgelöst, und das, was ihr folgt, wie mit einem Mikroskop untersucht. Das Verstehen der Mikroanalyse mit ihren einzelnen Komponenten hat eine zentrale Bedeutung für die erfolgreiche Durchführung von Expositionsübungen.

Ermittlung der Auslöser
Die Mikroanalyse beginnt mit der Ermittlung der Auslöser. Das ist deswegen wichtig, weil sich Betroffene später im Rahmen von Expositionsübungen den Auslösern stellen sollen. Dafür müssen Helfer und Betroffener die jeweiligen Auslöser (oder zumindest die wichtigsten) kennen. Betroffene sollten außerdem so weit geschult werden, dass sie in der Lage sind, unabhängig vom Helfer neu auftretende Auslöser als solche zu erkennen.

Man sucht nach externen und internen (= außerhalb und innerhalb der Person liegenden) Auslösern. Bei einem Kontrollzwang beispielsweise ist ein externer Auslöser der Herd, auf dem zuvor gekocht wurde. Daneben (streng genommen: danach) bestehen als interne Auslöser Zwangsgedanken wie »Habe ich den Herd wirklich ausgemacht? Das Haus könnte brennen, und ich bin dafür verantwortlich!«. Diese Gedanken lösen dann wiederum umfangreiche Kontrollhandlungen aus. Bei aggressiven Zwangsgedanken könnte ein daliegendes Messer ein externer Auslöser sein, interne Auslöser wären Gedanken wie »Ich könnte meinem neben mir sitzenden kleinen Sohn das Messer in die Brust stoßen ...« mit dem dazugehörigen Bild, wie der Sohn blutüberströmt zusammenbricht.

Auslöser sind bei vielen Zwangssymptomen übrigens nicht klar definierbar. Einen dreckigen Stuhl kann man von einem sauberen unterscheiden, aber mit bloßen Augen einen bakterienverseuchten von einem sterilen Stuhl zu unterscheiden ist nicht möglich. Aus diesem Grund können sich bei bestimmten Zwängen die Auslöser sehr stark ausweiten. Ein Vergleich mit Radioaktivität ist hilfreich: Wenn ein Stuhl radioaktiv verseucht ist, so wird auch ein Pullover, der darauf abgelegt wird, kontaminiert. Wenn man den Pullover dann auf einen Tisch legt, ist auch der Tisch kontaminiert. Das menschliche Auge kann Radioaktivität nicht erfassen; dass man den kontaminierten Tisch nicht berühren soll, ergibt sich lediglich aus der Vorstellung, dass er kontaminiert ist. Vorsichtshalber berührt man deshalb weder Stuhl noch Tisch noch Pullover, d. h., Stuhl und Tisch und Pullover sind Auslöser geworden.

Wichtig für die spätere Therapieplanung ist ⟻ **Nach Ausnahmen fragen** es nachzufragen, ob es Bedingungen gibt, unter denen keine Zwänge auftreten (Sicherheitssignale). Eine Frau mit Kontrollzwängen hatte beispielsweise keine Angst, die Küche nach dem Kochen zu verlassen, wenn ihr Ehemann dabei war, weil sie dachte: »Er hat mit aufgepasst, dass der Herd aus ist.« Nachdem ihr Ko-Therapeut ihr erklärt hatte, was Sicherheitssignale sind und dass man ihnen auf die Spur kommen muss, achtete sie im Alltag vermehrt darauf und entdeckte bald weitere Sicherheitssignale.

Nachdem Sie gemeinsam mit dem Betroffenen die Auslöser und Sicherheitssignale ermittelt haben, interessieren Sie sich dafür, was durch die Auslöser ausgelöst wird. In erster Linie wird hier natürlich nach Zwangshandlungen gefragt, aber auch die anderen problematischen Bewältigungsversuche wie Gedankenunterdrückung, Vermeidung oder Flucht gehören hierhin. Wichtig ist auch die Frage, ob der Betroffene seine Umgebung mit einbezieht.

Insgesamt stellt die Mikroanalyse eine wichtige Grundlage für die Anwendung von Symptomtechniken dar, wie später noch beschrieben wird. Damit der Zwangskranke diese Techniken später auch ohne Ihre Hilfe einsetzen kann, sollten Sie ihm das Prinzip der Mikroanalyse und die dazugehörigen Begriffe z. B. mit Hilfe eines Selbstbeobachtungsprotokolls vermitteln.

ABBILDUNG 3 Selbstbeobachtungsprotokoll eines 52-jährigen kaufmännischen Angestellten mit Kontrollzwängen (aus Fricke & Hand 2007, S. 79)

Zwänge unter der Lupe – Feinanalyse

Möglichkeiten der Vermeidung	Auslöser (real / Zwangsgedanken)	Zwangshandlung – Bewältigung
Hinterher Kollegen fragen, ob er ihn noch mal durchlesen kann Sekretärin bitten, den Brief zu schreiben und abzuschicken	Brief an Firma Knöpfle + Zwangsgedanken (könnte einen Rechtschreibfehler übersehen haben → Kunde storniert den Auftrag → Chef ist wütend → werde vor allen abgekanzelt → große Schande)	Elfmal durchlesen
Kollegen Tabelle machen lassen Lehrling soll noch mal Berechnungen überprüfen	Tabelle mit Bestellungen der Firma Fischer (am Computer erstellt) + Zwangsgedanken (könnte etwas falsch berechnet haben → falsche Bestellung → großer Verlust für die Firma → fristlose Kündigung für mich → große Schande)	Dreimal nachrechnen von Hand, einmal anderes Ergebnis, dann noch mal viermal nachrechnen, dann mit Taschenrechner nachgerechnet, vertippt, wieder nachrechnen ... insgesamt fünfzehnmal nachgerechnet
...	...	...

In Abbildung 3 sehen Sie ein Beispiel dafür, wie ein gut informierter Betroffener seine Auslöser, Zwangshandlungen und Vermeidungsverhalten in einem Selbstbeobachtungsprotokoll notiert hat. Die (Ko-)Therapeutin hat ihm vorher die Begriffe allgemein und am Beispiel seiner Zwänge erklärt. Wenn ein Betroffener beginnt, sein Verhalten im Alltag zu beobachten und zu analysieren, ist er zunächst in manchem unsicher, wie er was einordnen soll, doch die meisten haben damit relativ schnell keine

Probleme mehr. Sie füllen das Protokollblatt aus und besprechen es mit dem Ko-Therapeuten. Dieser erhält beim Lesen nicht nur Informationen über die Symptomatik, sondern weiß bald auch, dass die Betroffenen verhaltenstherapeutische Grundbegriffe verstanden haben.

Konsequenzen

Als Letztes interessieren die Konsequenzen der Zwangshandlungen. Welche Befürchtungen hat der Betroffene, wenn Zwangshandlungen nicht ausgeübt werden? »Verhindert« er durch die Ausführung von Zwangshandlungen z. B., für ein Unglück verantwortlich zu sein, sich schuldig zu machen, einen Fehler zu machen?

Zwangshandlungen und die anderen Bewältigungsstrategien wie Vermeiden oder Sichrückversichern werden durch die ausbleibende Katastrophe gerechtfertigt. Nur wenn Sie als Helfer die befürchteten Katastrophen thematisieren, bekommen Sie eine Idee von den Ängsten und den damit verbundenen Schwierigkeiten, die Zwangssymptomatik zu ändern.

Sie sollten außerdem hinterfragen, ob die Ausführung von Zwangshandlungen mit positiven Konsequenzen verbunden ist, z. B. mit einem Gefühl der Zufriedenheit, wenn alles nach den Reinigungszwängen blitzeblank aussieht.

Sie können jetzt also Auslöser, Zwangssymptomatik und Konsequenzen in einen Zusammenhang bringen, wie die nebenstehende Abbildung zeigt.

Noch ein paar Worte zur Art der Informationssammlung: Die meisten Informationen erhält der Helfer über das Gespräch. Günstig ist es aber auch, wenn Sie sich die Symptomatik einmal zeigen lassen, d. h. den Betroffenen direkt bei der Ausführung von Zwängen beobachten.

ABBILDUNG 4 Beispiel für eine Mikroanalyse von Kontrollzwängen

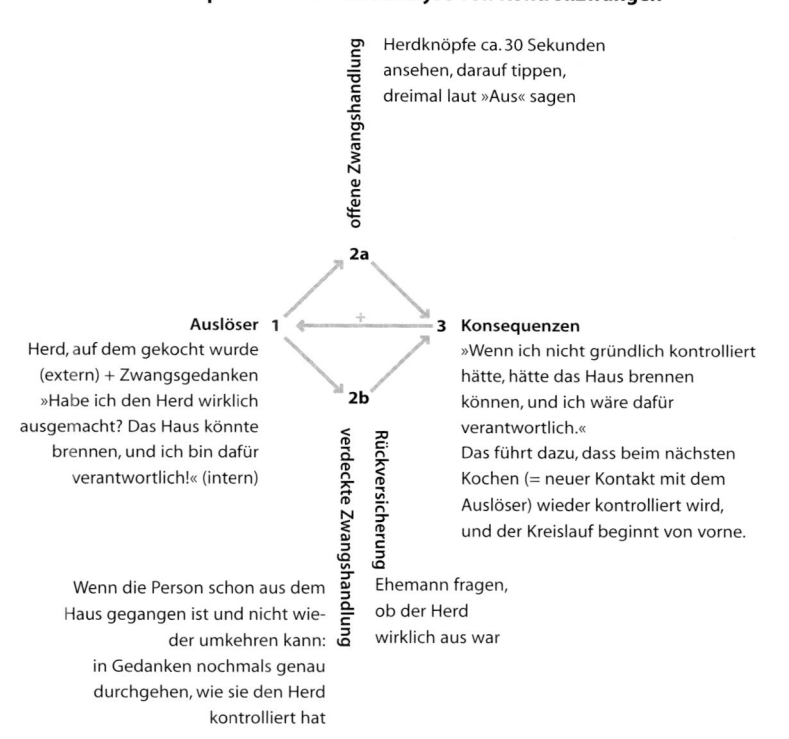

offene Zwangshandlung

Herdknöpfe ca. 30 Sekunden ansehen, darauf tippen, dreimal laut »Aus« sagen

2a

Auslöser 1 ← + → **3 Konsequenzen**

Herd, auf dem gekocht wurde (extern) + Zwangsgedanken »Habe ich den Herd wirklich ausgemacht? Das Haus könnte brennen, und ich bin dafür verantwortlich!« (intern)

2b

»Wenn ich nicht gründlich kontrolliert hätte, hätte das Haus brennen können, und ich wäre dafür verantwortlich.«
Das führt dazu, dass beim nächsten Kochen (= neuer Kontakt mit dem Auslöser) wieder kontrolliert wird, und der Kreislauf beginnt von vorne.

verdeckte Zwangshandlung *Rückversicherung*

Wenn die Person schon aus dem Haus gegangen ist und nicht wieder umkehren kann: in Gedanken nochmals genau durchgehen, wie sie den Herd kontrolliert hat

Ehemann fragen, ob der Herd wirklich aus war

Subtiles Vermeidungsverhalten wird von Betroffenen häufig gar nicht wahrgenommen, sondern als normal bewertet. Dies ist insbesondere bei schon länger bestehenden Zwangserkrankungen der Fall. So wurde z. B. erst in einer direkten Verhaltensbeobachtung einer Zwangspatientin mit Kontaminationsängsten und Waschzwängen deutlich, dass sie die Tür zum Badezimmer immer mit dem Ellenbogen öffnete. Auf Nachfragen gab sie an, dass sie die Tür schon so lange auf diese Weise öffnete, dass es ihr völlig normal erschien, deswegen

↤ **Direkte Beobachtung**

habe sie davon auch nicht berichtet. Idealerweise sollte vor einer endgültigen Therapieplanung auch eine begleitete Verhaltensbeobachtung im natürlichen Umfeld des Zwangskranken stattfinden, da Art und Ausmaß der Zwänge in diesem Rahmen oft erst erkennbar werden. Selbstverständlich muss der Betroffene damit einverstanden sein. Dem Helfer sollte bei der Verhaltensbeobachtung bewusst sein, wie schwierig diese für den Betroffenen sein kann: Er lässt jemanden in sein ganz privates Umfeld, eine relativ fremde Person wird Zeuge seiner Symptomatik – dies alles kann sehr belastend sein. Dass hier eine sensible und einfühlsame Haltung des Helfers besonders wichtig ist, kann daher nicht genug betont werden. Ebenso wichtig ist, dass der Helfer seine Anerkennung darüber ausspricht, dass der Betroffene diesen mutigen Schritt wagt.

Behandlung von Zwangserkrankungen

Zwangserkrankten steht eine breite Palette von Behandlungsangeboten zur Verfügung. Da Betroffene nicht alle Möglichkeiten kennen können, kommt Helfern auch hier eine wichtige Funktion zu: Sie können informieren, beraten und gegebenenfalls Empfehlungen geben, wenn das Angebot ihrer Einrichtung nicht das passende ist.

Überblick

Mittlerweile gibt es zahlreiche Bücher, die Betroffene zur Selbsthilfe oder als Vorbereitung für eine Psychotherapie lesen können (eine Auswahl finden Sie im Literaturverzeichnis). Sprechen Sie mit Betroffenen, die beeinträchtigt, aber noch sehr unentschlossen und ängstlich bezüglich der Aufnahme einer Therapie sind, so könnte Ihre Empfehlung, ein Selbsthilfebuch zu lesen, eine nützliche Entscheidungshilfe sein.

In vielen Orten gibt es außerdem Selbsthilfegruppen, in denen Betroffene sich gegenseitig unterstützen können. Die Teilnahme kann jederzeit sinnvoll sein, als alleinige Maßnahme sowie vor, während oder nach einer Therapie. Neben der Unterstützung bezüglich der Zwänge empfinden viele Betroffene den Austausch mit Gleichgesinnten als sehr hilfreich.

Für Betroffene, die professionelle Unterstützung benötigen, weil sie allein nicht weiterkommen, stehen zahlreiche Angebote zur Auswahl. In der Psychotherapie ist die Verhaltenstherapie die Methode der Wahl. Ihre Wirksamkeit wurde in zahlreichen Studien nachgewiesen. Im Einzelfall kann aber auch ein tiefenpsychologischer Ansatz hilfreich sein.

Bei leichterer Symptomatik, eher kürzerer Krankheitsdauer und gutem allgemeinem Funktionsniveau ist in der Regel eine ambulante Behandlung ausreichend. Ist die Symptomatik stärker ausgeprägt, liegen weitere psychische Erkrankungen vor oder ist jemand allgemein stärker beeinträchtigt, so können Sie den Betroffenen auf die Möglichkeit einer spezialisierten tagesklinischen oder stationären Behandlung hinweisen. Mittlerweile gibt es zahlreiche Kliniken, in denen ein solches Angebot zur Verfügung steht.

Neben den psychotherapeutischen Möglichkeiten sind außerdem inzwischen zahlreiche wirksame und nebenwirkungsarme Medikamente auf dem Markt. Ein gewisses Grundwissen über Psychopharmaka zu haben, ist auch für nichtärztliche Helfer wichtig, da sie dann Betroffene auf diese Behandlungsmöglichkeit hinweisen und ihnen einen Besuch bei einem Psychiater empfehlen können. Dieser kann dann gezielt über Wirkungen und Nebenwirkungen der Medikamente aufklären und gegebenenfalls die medikamentöse Behandlung vornehmen.

Es stehen somit vielfältige und unterschiedlich intensive Angebote zur Verfügung. Damit ist die Situation deutlich besser als noch vor einigen Jahren, insbesondere für Betroffene, die in größeren Städten wohnen. Problematisch ist weiterhin die Versorgungslage in vielen ländlichen Gebieten. Es gibt häufig nur wenige spezialisierte Therapeuten; Betroffene müssen zum Teil lange Wartezeiten in Kauf nehmen, um einen Therapieplatz zu bekommen. Verbesserungsbedarf besteht außerdem noch hinsichtlich der Angebote für Betroffene, die stärkere Unterstützung im Alltag benötigen, wie beispielsweise spezialisierte Einrichtungen für betreutes Wohnen und/oder betreutes Arbeiten.

Wenn Sie den Eindruck haben, dass für »Ihren« Betroffenen andere oder zusätzliche Hilfen als die Ihrer Einrichtung sinnvoll wären, so ist eine gute Anlaufstelle für Informationen über Zwänge und Behandlungsmöglichkeiten die Deutsche Gesellschaft Zwangserkrankungen. Dieser gemeinnützige Verein hat sich die Ziele gesetzt, durch Öffentlichkeitsarbeit über Zwangsstörungen zu informieren, Vorurteile ab- und Akzeptanz aufzubauen, Zwangskranken und deren Angehörigen Unterstützung bei der Hilfe zur Selbsthilfe und zum Leben mit der Erkrankung zu geben sowie das Behandlungsangebot zu verbessern. Das Besondere an diesem Verein ist, dass Betroffene, Angehörige und Experten zusammenarbeiten, um diese Ziele zu erreichen. Sie können als Experte anrufen, wenn Sie Unterstützung oder Informationen benötigen, Sie können aber auch den Betroffenen auf den Verein hinweisen, dass er selbst anruft. Nicht zu vergessen natürlich auch die Empfehlung an die Angehörigen, sich bei Bedarf dort Rat und Unterstützung zu holen. Unter anderem werden folgende Hilfen angeboten:

- Öffentlichkeitsarbeit
- Homepage im Internet mit Diskussionsforum (www.zwaenge.de)
- Sorgentelefon
- Telefonnetzwerk für Betroffene und Angehörige
- Hilfe und Beratung beim Aufbau von Selbsthilfegruppen
- Vermittlung zu Selbsthilfegruppen
- Ratgeberbroschüren und Informationsmaterial
- psychologische und medizinische Fachinformationen, Fortbildungsangebote für Therapeuten
- telefonische Hinweise auf qualifizierte Therapeuten und Fachkliniken
- Unterstützung von Forschungsprojekten über Zwangserkrankungen

Verhaltenstherapie

Eine Verhaltenstherapie sollte von einem psychologischen oder ärztlichen Psychotherapeuten mit entsprechender Qualifikation durchgeführt werden. Eine Vorstellung vom Ablauf und den Inhalten zu haben, ist aber auch für andere Berufsgruppen sinnvoll: z. B. für die Krankenschwester, die als Ko-Therapeutin im Rahmen einer stationären Therapie in Absprache mit dem zuständigen Psychotherapeuten mit dem Betroffenen Expositionsübungen durchführen möchte; die Kolleginnen und Kollegen aus der Beratungsstelle, die einen ängstlichen Betroffenen für eine ambulante

Verhaltenstherapie motivieren möchten, der genau wissen will, was auf ihn zukommt; den Sozialarbeiter, der Betreuung im eigenen Wohnraum durchführt und als Ko-Therapeut seinen Klienten bei den Expositionsübungen und der Verwirklichung weiterer Ziele unterstützen möchte.

Die Kennenlernphase
Eine Verhaltenstherapie beginnt unabhängig vom Setting, in welchem sie stattfindet, immer mit einer Phase des Kennenlernens. In dieser informiert sich der Behandler über die Symptomatik des Betroffenen, die Lebens- und Krankheitsgeschichte, die aktuelle Lebenssituation sowie die Ressourcen des Patienten. Umgekehrt lernt der Betroffene den Behandler und seine Methoden kennen. So wächst eine therapeutische Beziehung, die die Basis für eine gute weitere Zusammenarbeit ist. Die Informationserhebung kann sehr viel Zeit in Anspruch nehmen, insbesondere bei komplexer Symptomatik und Krankheitsgeschichte. Es ist jedoch ausgesprochen sinnvoll, diese Zeit zu investieren, denn detailliert und sorgfältig erhobene Informationen liefern die Basis für die Erstellung eines fundierten Erklärungsmodells, welches wiederum die Grundlage für die Planung und Durchführung des therapeutischen Vorgehens ist. Werden therapeutische Interventionsstrategien gut geplant durchgeführt, verringert sich das Risiko von Verzögerungen und Komplikationen im weiteren Therapieverlauf deutlich. Der anfänglich hohe Zeitaufwand kann damit oft mehr als ausgeglichen werden.
Die wichtigste Methode der Informationserhebung ist das Gespräch. Daneben werden häufig Fragebögen eingesetzt, um zeitsparend weitere Informationen zu erheben. Auch die Checkliste (s. S. 20 ff.) über die Zwangssymptome ist ein sinnvolles Hilfsmittel bei der Informationssammlung. Wertvolle Informationen bringt sehr oft auch eine direkte Beobachtung des Betroffenen bei der Ausführung von Zwängen oder sogar eine therapeutenbegleitete Verhaltensbeobachtung im natürlichen Umfeld des Patienten.

Sehr wichtig ist es, bereits in der Kennenlernphase Patienten an ihrer Therapie zu beteiligen, um eine aktive und eigenverantwortliche Arbeitshaltung aufzubauen. Dies kann beispielsweise über die Vereinbarung von Hausaufgaben geschehen. Hausaufgaben können Informationen strukturieren helfen (z. B. Darstellung des Lebenslaufes oder spezifischer Bereiche der Biografie wie der »Lebenslauf des Zwanges«) oder auch dazu dienen, die Zusammenhänge von Zwängen mit der Lebenssituation deutlich zu machen (z. B. notieren, wann Zwänge stärker ausgeprägt sind, wann schwächer). Das zeitnahe Aufschreiben von Auslösern, Zwangshandlungen und Vermeidungsverhalten als Hausaufgabe ist eine gute Vorbereitung für den Einsatz von Techniken zur Reduktion der Zwänge, vorausgesetzt natürlich, dass diese Begriffe vorher gut erklärt wurden. ⤳ Selbstbeobachtungsprotokoll, Seite 51

Das Selbstbeobachtungsprotokoll hilft Patienten, ihre Symptome im Alltag besser wahrzunehmen sowie Zusammenhänge zwischen Auslösern auf der einen Seite und Zwangshandlungen und Vermeidungsverhalten auf der anderen Seite zu verstehen. Außerdem kann das Protokollieren – konsequent angewendet – bereits zur Symptomreduktion führen.

Parallel zu den Gesprächen in der Kennenlernphase ist es empfehlenswert, wenn Betroffene ihr Wissen über ihre Erkrankung durch das Lesen von Selbsthilfeliteratur erhöhen (eine Auswahl finden Sie im Literaturverzeichnis).

Die Kennenlernphase ist abgeschlossen, wenn der Therapeut so viele Informationen gesammelt hat, dass er die Logik der Zwänge versteht und in der Lage ist, mit dem Betroffenen das persönliche Erklärungsmodell zu besprechen.

Vermittlung des individuellen Erklärungsmodells

Die Vermittlung des Erklärungsmodells nimmt eine zentrale Rolle im Verlauf der Therapie ein. Fast allen Betroffenen ist es sehr wichtig zu verstehen, warum gerade sie an gerade dieser Erkrankung leiden. Eine Verständigung über ein gemeinsames Erklärungsmodell kommt diesem Bedürfnis entgegen. Außerdem stärkt es die therapeutische Beziehung, weil sich Betroffene verstanden fühlen und Therapeuten mehr Verständnis für den Betroffenen und seine Erkrankung entwickeln.

Das beste Erklärungsmodell ist jedoch wenig hilfreich, wenn es nicht gut vermittelt wird. Das kann nur gelingen, wenn Sie die Sprache des Patienten verwenden, Fachwörter erklären, wenn sie nötig sind, ansonsten aber komplizierte Begriffe vermeiden und lieber umgangssprachliche Ausdrücke benutzen. Die Vermittlung ist in der Regel effektiver, wenn Sie auf abstrakte Darstellungen verzichten und stattdessen anschauliche Beispiele verwenden.

Auch eine gut gemachte Zeichnung kann das Gesagte veranschaulichen. Zum Beispiel können die durch externe oder interne Auslöser verursachten unangenehmen Gefühle und Körperempfindungen sowie die Wirkung von Zwangshandlungen anhand einer Kurve dargestellt werden.

ABBILDUNG 5 **Die Wirkung von Auslösern und Zwangshandlungen**
am Beispiel des Au-pair-Mädchens, S. 34

Sehr unangenehm
10

← Zwangshandlung (hier: wiederholtes Duschen)

0 → Zeit

↗ Auslöser (hier: Katzenbesitzer auf der Straße getroffen und mit ihm geredet + Befürchtungen)

Ebenso sollte die Wirkung von Vermeidung veranschaulicht werden (siehe Abbildung 6).

ABBILDUNG 6 Die Wirkung von Vermeidung
am Beispiel des Au-pair-Mädchens, S. 34

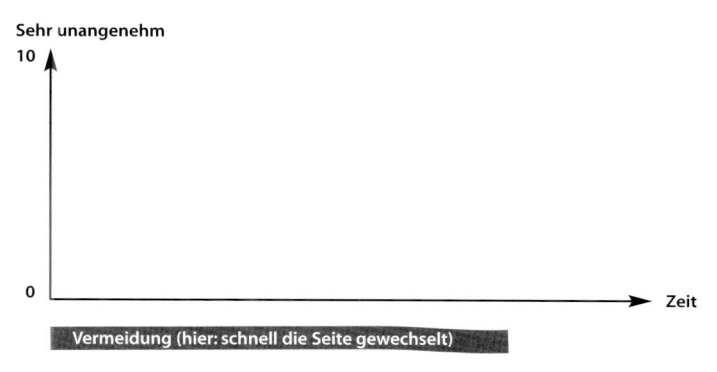

Sehr unangenehm
10

0 → Zeit

Vermeidung (hier: schnell die Seite gewechselt)

↗ Auslöser (hier: Katzenbesitzer auf der Straße gesehen + Befürchtungen)

Das Prinzip der negativen Verstärkung lässt sich gut mit einem Witz erklären, z. B. mit dem Elefantenwitz. → **Prinzip der negativen Verstärkung im Witz, Seite 35 f.**

Sie können dann mit dem Betroffenen besprechen, wie sich dieser Witz auf seine Zwänge übertragen lässt. Hier das Beispiel des Au-pair-Mädchens (s. S. 34), das Angst hatte, sich durch Kontakt mit Katzen mit einer schlimmen Krankheit zu infizieren, und so Waschzwänge entwickelte.

BEISPIEL →

Helfer: »Lassen Sie uns doch mal schauen, was dieser Witz für Ihre Zwänge bedeuten könnte. Sie sehen eine Katze. Was passiert dann?«

Au-pair-Mädchen: »Ich bekomme Angst, weil ich nicht sicher bin, ob ich sie nicht berührt habe und eine ansteckende Erkrankung bekommen kann.«

Helfer: »Und was machen Sie dann?«

Au-pair-Mädchen: »Ich wasche ganz lange meine Hände ... (Beschreibung aller Zwangshandlungen).«

Helfer: »Wie geht es Ihnen dann hinterher?«

Au-pair-Mädchen: »Ich bin erleichtert, dass ich alles abgewaschen habe.« (Dass Betroffene in der Regel nicht nur erleichtert, sondern gleichzeitig auch wütend auf sich selbst sind, wird an dieser Stelle vernachlässigt, um das Prinzip deutlicher zu machen.)
Helfer: »Wenn Sie jetzt noch mal an den Witz denken, worin werden Sie dann bestätigt?«
Au-pair-Mädchen: »Dass es richtig ist zu waschen, denn sonst wäre ich krank geworden.«
Helfer: »Genau. Und welche Erfahrungen können Sie dann nicht machen?«
Au-pair-Mädchen: »Dass ich auch ohne Waschen nicht krank geworden wäre.«

Sie können dann noch die Frage anschließen, was der Mann in der Straßenbahn machen müsste, um seine »Elefantenangst« loszuwerden und vom Fingerschnippen wegzukommen. Eigentlich ganz einfach (zumindest in der Theorie): Man würde ihm empfehlen, Straßenbahn zu fahren, nicht mit den Fingern zu schnippen, um so die Erfahrung zu machen, dass es keine Elefanten regnet. Er wird am Anfang besorgt sein, aber mit der Zeit wird sich diese Angst legen. Damit haben Sie dem Betroffenen schon die wichtigste Symptomtechnik, die Exposition, gut nachvollziehbar erklärt. ➞ **Exposition, Seite 69 ff.**

Eine Möglichkeit, die Entstehung der Zwänge vor dem Hintergrund lebensgeschichtlicher Erfahrungen zu veranschaulichen, besteht darin, den Zwang zu personifizieren. Der Betroffene, im folgenden Beispiel jemand, der einen Kontrollzwang hat, wird gebeten, eine Vorstellungsübung zu machen (nach FRICKE & HAND 2007, S. 43):

»Es war einmal ein Zwang, ein Kontrollzwang genauer gesagt. Er war obdachlos und suchte ein neues Haus, in das er einziehen konnte. Eines Tages kam er bei [hier den Namen des Betroffenen einsetzen] vorbei. Da dachte er sich: ›Oh, ja, ich glaube, hier habe ich Chancen, eine neue Bleibe zu finden.‹ Und da er ein schönes Gastgeschenk mitgebracht hatte, verweigerte ihm [der Betroffene] nicht den Einzug, obwohl ihm der Gast nicht willkommen war. Inzwischen wohnt der Kontrollzwang seit ungefähr [Zahl aus dem Lebenslauf einfügen] Jahren bei [dem Betroffenen] und hat sich richtig gemütlich eingerichtet. Wieso hat sich der Kontrollzwang gerade [den Betroffenen] ausgesucht? Was ist sein Gastgeschenk, dass er überhaupt einziehen konnte? Und wieso bleibt der Zwang da wohnen, auch wenn er eigentlich gar nicht willkommen ist?«

Anhand dieser Geschichte können Sie dann mit Hilfe der bereits erfragten Informationen Hypothesen zur Entstehung und Aufrechterhaltung der Zwangssymptomatik formulieren. Aus der gemeinsamen Erarbeitung des Erklärungsmodells ergeben sich fast immer automatisch Hinweise, was sich neben der Reduktion der Zwänge verändern sollte. In Abbildung 7 sehen Sie die Überlegungen von Herrn Reinfeld, dem Automechaniker, den Sie schon kennen (s. S. 44).

ABBILDUNG 7 Risikobausteine und Gastgeschenke bei Herrn Reinfeld

Vererbung – Gene	Hatte Vater einen Kontrollzwang?
Vererbung – psychologisch	Vater kontrollierte viel, hat alles immer wieder überarbeitet
Erziehung	erzogen, ordentlich und gründlich zu sein, strenge Erziehung, zu wenig Lob
belastende/prägende Lebensereignisse	nicht dass ich wüsste
Persönlichkeit	(zu) ordentlich, zu große Angst vor Fehlern; schüchtern, Angst vor Autoritätspersonen; mache mir oft Sorgen; achte nicht genug auf Ausgleich und Erholung, kann schlecht abschalten
Ungünstige Lebensumstände vor Beginn der Erkrankung	Geburt des ersten Kindes, das viel geschrien hat, wenig Schlaf, Überforderung, wenig Ausgleich
Gastgeschenke	Schutz vor Kritik, Schutz vor Fehlern, Sicherheit

Therapiezielfindung

Betroffene kommen sehr häufig mit der Frage, ob ihre Zwänge wieder ganz verschwinden oder ob sie lebenslang darunter leiden werden. Manche Zwangskranke berichten, dass ihnen früher mal ein Professioneller gesagt habe, dass die Zwangserkrankung eine chronische Erkrankung sei, die höchstens ein bisschen besser werden könne, bevor sie wieder schlimmer werden würde. Solche Aussagen demoralisieren und entsprechen in dieser Form sicher nicht der Realität.

Die Empfehlung zur ⟵ **Motivieren durch optimistische Grundhaltung** Beantwortung dieser Frage: Vertreten Sie eine optimistische Haltung. Optimistische Therapieziele und ein positives Bild von der Zukunft motivieren, darauf hinzuarbeiten und durchzuhalten. Viele Untersuchungen belegen, dass der Motivation ein entscheidender Einfluss für die Erreichung selbstgesetzter Ziele zukommt.

Je nach Arbeitsumfeld können Therapieziele natürlich unterschiedlich aussehen. Beispielsweise kann es in einer ambulanten oder stationären Psychotherapie darum gehen, ob jemand wieder gesund werden kann, während es sich bei einem Bewohner einer Einrichtung für chronisch Kranke darum dreht, ob und, wenn ja, in welchem Ausmaß eine Reduktion der Zwänge und damit einhergehend eine Zunahme von Lebensqualität möglich scheint.

BEISPIEL → Ein Ko-Therapeut aus der Pflege sagte z. B. zu einer Patientin, die sich noch sehr mit der Reduktion ihrer Kontrollzwänge, vor allem bei Elektrogeräten, abmühte: »Ach, Frau Abel, wenn das hier überstanden ist, kommen wir zu Ihnen zu einem Vier-Gänge-Menü!« Er wusste, dass Frau Abel früher sehr gern für Gäste gekocht hatte.

In stationären Kontexten kommt gerade den Mitarbeitern der Pflege und der sozialen Arbeit bei der Motivation eine große Rolle zu, denn sie verbringen die meiste Zeit mit den Patienten und kennen ihre Geschichte und ihre Gewohnheiten oft am besten.

BEISPIEL → Ein Sozialarbeiter in einem Wohnheim sagte zu einem sehr unter seinen Kontaminationsängsten leidenden Betroffenen, der sich noch nicht traute, sich außerhalb des Wohnheims aufzuhalten: »Wenn Sommer ist, Herr Becker, dann gehen wir beide mal so richtig schön an die Elbe und essen ein Eis.« Herr Becker hatte früher gern Eis gegessen, wegen seiner Erkrankung aber schon sehr lange nicht mehr das Wohnheim verlassen.

Eine schöne Übung zur Therapiezielfindung ist der gemeinsame Blick mit dem Betroffenen in eine Kristallkugel, verbunden mit der Frage, was er dort z. B. in fünf Jahren »sieht« (man sollte keine zu kurze Zeitspanne wählen, um Erfolgsdruck zu verhindern). Das könnte dann eine ehemalige Zwangskranke sein, die fröhlich mit ihren Kindern in einem Bioladen einkauft und sich über Umweltgifte weiter keine Gedanken macht. Oder ein (aktuell noch vereinsamter) Zwangskranker, der in einer Einrichtung lebt, der zwar noch Ordnungszwänge hat, aber in seinem Zimmer mit zwei Freunden sitzt und Kaffee trinkt. So können Sie gemeinsam eine Zukunft erarbeiten, in der viele Wünsche der Betroffenen – nicht nur bezüglich der Zwänge! – realisiert sind. Diese Fernziele motivieren. Danach geht es darum, die ersten Teilziele und Schritte festzulegen.

Therapieziele bezüglich der Zwänge sollten möglichst konkret, möglichst genau und außerdem positiv formuliert werden. Günstig ist auch, wenn sie nach ihrem Schweregrad in eine Reihenfolge gebracht werden. Dann kann man mit den leichteren Zielen anfangen, nicht nur weil diese schneller zu erreichen sind, sondern auch, weil Etappenerfolge Mut machen, einen Schritt weiterzugehen. Mit Herrn Sievert, der unter Kontrollzwängen in verschiedenen Bereichen litt, wurden z. B. gemeinsam folgende Therapieziele erarbeitet:

ABBILDUNG 8 Therapieziele bei einem Kontrollzwang

1	Herd
→	nach dem Kochen Ausschalten der benutzten Platten, direkt danach ein Blick auf den / die Schalter und auf das Herdlämpchen (max. 10 Sekunden), danach keine weitere Kontrolle, bei Aufenthalt in der Küche wegen anderer Dinge keinen bewussten Blick auf den Herd werfen
2	Auto
→	nach der Benutzung: Abschließen der Fahrertür, beim Abschließen auf den Knopf sehen; kein weiterer Gang während der folgenden Zeit zum Auto
3	Sonstiges
→	wichtige Schreiben (an Ämter oder den Vermieter) sowie wichtige Angelegenheiten im Beruf werden nach der Fertigstellung einmal kontrolliert

Der Patient entschied sich außerdem, beim Herd mit dem Kochen auf einer Platte zu beginnen, um dann danach erst zwei, dann drei, dann alle Platten zu benutzen und zum Schluss ein Menü auf vier Platten und unter Einbeziehung des Backofens zu kochen.

Aus der Analyse der aufrechterhaltenden Bedingungen und der gemeinsamen Erarbeitung des individuellen Erklärungsmodells ergeben sich fast immer automatisch Ziele, die neben der Reduktion der Zwänge angestrebt werden. Dazu kann die Bearbeitung belastender Lebensereignisse gehören, die Änderung problematischer Persönlichkeitszüge, der Aufbau von sozialen Kompetenzen und von Problemlösekompetenzen. Fast immer wird auch ein anderer Umgang mit Belastungen als Alternative zur Zwangssymptomatik gesucht. Das dazu passende positive Ziel heißt dann Aufbau von Entspannungs- und Genussverhalten.

Die eigentliche Therapie

Nachdem Therapeut und Patient die Kennenlernphase und die Entwicklung des Erklärungsmodells abgeschlossen haben, Therapieziele erarbeitet und besprochen wurden, kommen nach HAND (2006) drei Vorgehensweisen für die weitere Verhaltenstherapie in Frage:

- die Symptomtherapie, die sich ausschließlich auf die Zwänge konzentriert,

- die multimodale Verhaltenstherapie, in welcher nicht nur Zwänge bearbeitet werden, sondern auch die Arbeit an anderen Problembereichen beinhaltet ist, und
- die Therapie »am Symptom vorbei«, bei der nur an den zugrunde liegenden Problembereichen gearbeitet wird und keine Symptomtechniken eingesetzt werden.

Die Entscheidung, welche Vorgehensweise gewählt wird, sollte von einem psychologischen oder ärztlichen Psychotherapeuten auf der Basis der gewonnenen Informationen und seiner Hypothesen zur Entstehung und Aufrechterhaltung der Zwänge getroffen werden. Sie sollte gut überlegt sein, da eine falsche Wahl mehr oder weniger gravierende Nachteile für den Patienten zur Folge haben kann. Im Rahmen der Umsetzung der einzelnen Therapiebausteine sind dann wiederum alle Berufsgruppen beteiligt.

Symptomtherapie

Bei einer Symptomtherapie stehen spezifische Techniken zur Reduktion der Zwangssymptomatik im Mittelpunkt. Sie ist vor allem dann indiziert, wenn es keine Hinweise auf weitere Problembereiche gibt, die Ansatzpunkte für Veränderungen sein sollten. Zunächst wird ein Beispiel geschildert, in dem eine Symptomtherapie das geeignete Vorgehen war, im Anschluss erfolgt die Beschreibung der wichtigsten Symptomtechniken im Einzelnen.

BEISPIEL → Eine 22-jährige Bankangestellte, Frau Fink, kommt in eine Tagesklinik, weil sie unter Zwangsgedanken leidet, dass nahestehenden Personen etwas Schreckliches passieren könnte und sie dann daran schuld sei, weil sie solche Gedanken gedacht hat. Alltägliche Handlungen, die sie während des Auftretens dieser Zwangsgedanken ausgeführt hat, müssen so lange wiederholt werden, bis sie sie ohne diese Gedanken abschließen kann.

Zur Vorgeschichte erfährt der Therapeut, dass erste Zwangssymptome bereits im 10. Lebensjahr aufgetreten waren, als sie in einer Zeitung von dem Unfalltod eines achtjährigen Jungen las. Sie bekam Angst, dass ihr eigener jüngerer Bruder auch durch einen Unfall sterben könnte. Sie entwickelte daraufhin magische Rituale, die diesen Unfalltod verhindern sollten.

Über die Jahre hin hielten sich Zwangsgedanken und -handlungen in einem für die Patientin erträglichen Rahmen. Vor einem Jahr nahmen sie jedoch deutlich zu, als die Betroffene sich verliebte und befürchtete, dass ihr Freund durch einen Autounfall ums Leben kommen könnte, weil sie den Gedanken hatte: »Mein Freund kann durch einen Autounfall sterben.«

Der Therapeut fand keine Hinweise auf belastende Lebensereignisse. Zwar war Frau Fink ein eher ängstliches Kind gewesen, das Verhältnis zu den Eltern in Kindheit und Jugend, die Beziehungen zu Gleichaltrigen, die schulische und berufliche Entwicklung wurden von ihr jedoch als unauffällig und im Ganzen positiv beschrieben.

Seine Hypothese war die folgende: Zwangsrituale dienten als in der Kindheit erlernte Angstbewältigungsstrategie, deren Ausführung durch negative Verstärkung [»Wenn ich nicht die Handlung wiederholt hätte, hätte mein Bruder einen Unfall gehabt.«] aufrechterhalten wurde. Dass Frau Fink ein eher ängstliches Kind war, begünstigte die Entstehung der Zwänge. Mittlerweile hatten sich diese verselbstständigt, hatten aber ansonsten keine weitere Funktion im Alltag. Der Therapeut hielt daher ein symptomorientiertes Vorgehen für sinnvoll. Gemeinsam mit dem Ko-Therapeuten aus der Pflege und Frau Fink besprach er seine Überlegungen. Sie vereinbarten folgende Arbeitsteilung: Der Ko-Therapeut plante mit Frau Fink Expositionsübungen, begleitete sie auch bei einigen und stand hinterher als Ansprechpartner zur Verfügung, wenn sie noch Ängste zeigte. Der Therapeut übernahm es, im Gespräch Frau Fink verschiedene Fehlinterpretationen bewusst zu machen und mit ihr zu bearbeiten. In regelmäßigen Abständen tauschten sich Therapeut und Ko-Therapeut über den Stand der Therapie aus. Frau Fink konnte von dem Vorgehen gut profitieren.

Die wichtigste Symptomtechnik, die auch bei Frau Fink ←— **Exposition**
zur Anwendung kam, ist die Exposition mit anschließendem Reaktionsmanagement. Grundgedanke ist dabei immer, dass Betroffene sich mit den realen und gedanklichen Auslösern konfrontieren (deswegen spricht man auch von Konfrontationsbehandlung), Zwangshandlungen unterlassen und auftretende Gedanken, Gefühle und Körperreaktionen bewältigen lernen. Frau Fink denkt beispielsweise absichtlich den Gedanken »Mein Freund hat einen Autounfall«, während sie sich die Schuhe anzieht. Es treten zwar die oben genannten Befürchtungen auf, aber sie unterlässt es, sich immer wieder die Schuhe an- und auszuziehen. Sie macht die Erfahrung, dass die Ängste nicht ins Unendliche steigen, sondern allmählich geringer werden.

MERKE → Betroffene sollten Expositionsübungen sehr häufig wiederholen, damit sich ein Gewöhnungseffekt einstellt und ausgelöste unangenehme Gedanken, Gefühle und Körperempfindungen mit der Zeit geringer werden oder gar nicht mehr auftreten.

BEISPIEL → Herr Arnold, ein Betroffener mit Befürchtungen, sich mit eigenem Urin zu kontaminieren, und stundenlangen Wasch- und Reinigungszwängen als Bewältigungsstrategie, entscheidet sich, zu Übungszwecken nach dem Toilettengang nicht die Hände zu waschen, sondern seine gesamte Umgebung zu kontaminieren, indem er alles mit kontaminierten Händen berührt. Er macht die Erfahrung, dass aufkommender Ekel mit der Zeit immer geringer wird und schließlich ganz verschwindet.

ABBILDUNG 9 Exposition und Reaktionsmanagement am Beispiel einer Kontamination mit Urin

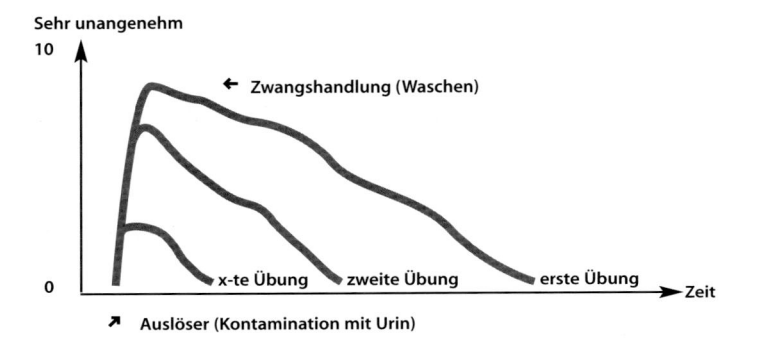

Und noch ein Beispiel für eine Exposition bei reinen Zwangsgedanken:

BEISPIEL → Frau Herzberg leidet unter dem Zwangsgedanken, jemanden mit einem Messer zu erstechen. Ihre Bewältigung besteht darin, dass sie jeglichen Kontakt zu Messern vermeidet (z. B. alle ihre Messer im Keller wegschließt) und versucht, nicht daran zu denken, dass sie jemanden erstechen könnte. Sie übt, sich mit ihrem Ehemann an den Wohnzimmertisch zu setzen, auf den sie vorher ein Messer gelegt hat. Dabei denkt sie extra immer wieder den Gedanken »Ich ersteche meinen Mann« und stellt sich das auch bildlich vor. Auch Frau Herzberg stellt fest, dass die unangenehmen Gedanken, Gefühle und Körperempfindungen mit der Zeit geringer werden. Und sie macht außerdem die wichtige Erfahrung, dass etwas zu denken nicht das Gleiche ist, wie etwas zu tun.

Expositionen lassen sich unterschiedlich gestalten (eine detaillierte Beschreibung der Vorgehensweisen findet sich bei Lakatos & Reinecker 1999). Der Betroffene kann sie gedanklich (»in sensu«) oder in der Realität (»in vivo«) durchführen, wobei Expositionen in vivo vorzuziehen sind, da sie in der Regel effektiver sind. Außerdem kann er mit den wenig belastenden Situationen beginnen und die Schwierigkeiten schrittweise steigern oder gleich mit massiv belastenden Situationen einsteigen (»Flooding«). Massives Vorgehen zeigt meist schneller Wirkung, ist aber für den Betroffenen belastender. Sie als Helfer können den Betroffenen beraten bezüglich des Einstiegs, ihn ermutigen, höher einzusteigen, wenn Sie der Meinung sind, er unterschätze sich, oder ihn bremsen, wenn Sie fürchten, dass er sich überfordert. Das letzte Wort sollten Sie jedoch unbedingt dem Betroffenen überlassen.

Zu entscheiden ist auch, ob die Exposition von dem Betroffenen allein oder in Begleitung eines Helfers durchgeführt wird. Manche Übungen lassen sich nur allein durchführen, manche möchte der Betroffene auch nur allein durchführen (z. B. Konfrontation mit sexuellen Zwangsgedanken). Häufig ist es aber sinnvoll, dass zumindest ein Teil der Übungen begleitet wird.

Der Helfer muss kein Psychotherapeut sein, wichtig ist aber, dass er das Prinzip der Exposition verstanden hat, die Auslöser, Zwangshandlungen und andere ungünstige Bewältigungsstrategien des Zwangskranken kennt und ein gewisses Vertrauen seitens des Betroffenen vorhanden ist. Helfer können Betroffene in den Übungen nicht nur emotional unterstützen (»Toll, wie mutig Sie sind«, »Ich sehe, wie schwer die Übung ist, aber ich bin sicher, Sie schaffen das.«), sondern auch fachliche Anleitung oder Anregungen geben, damit der Betroffene sich richtig konfrontiert und nicht vermeidet (»Herr Sievert, Sie haben den Herd beim Anschalten gar nicht richtig angesehen, war das Zufall oder könnte das Vermeidung sein?«). Außerdem muss der Helfer auf Sicherheitssignale achten. ↪ **Sicherheitssignale, Seite 50**

Diese können manchmal nur schwer zu entdecken sein, weil sie den Zwangskranken nicht immer bewusst sind. Man kann ihnen auf die Spur kommen, indem man mit dem Betroffenen vor den Übungen gemeinsam überlegt, was Sicherheitssignale sein könnten. Auch während der Übungen bemühen sich beide Seiten, darauf zu achten, ob Sicherheitssignale vorhanden sind. Wenn der Betroffene sich den vorher ermittelten Auslösern stellt, aber keine Zwänge ausgelöst werden, könnte ein unentdecktes Sicherheitssignal vorliegen. Dann überlegen Betroffener und Helfer gemeinsam, warum keine Zwänge aufgetaucht sind: Könnte es damit zu tun haben, dass der Helfer anwesend war? (»Herr Bleier, der Sozialarbeiter aus dem Wohnheim, der als Ko-Therapeut die Übungen begleitet, hat schon mit aufgepasst, dass die Kerze aus war.«) Hat der Helfer die Übungen vorgemacht, was der Betroffene als Sicherheitssignal verarbeitet? (»Wenn Herr Bleier den Tisch anfasst, kann es ja nicht gefährlich sein.«) Gibt der Betroffene dem Helfer die Verantwortung und ist dadurch beruhigt? (»Wenn Herr Bleier und ich die Übungen machen, ist er schuld, wenn etwas Schlimmes passiert, nicht ich.«) Oder woran könnte es sonst liegen? Meistens gelingt es, Sicherheitssignale zu finden, aber es kann auch sein, dass sich alle Beteiligten redlich bemühen und keine finden. Dann nehmen Sie es nicht so schwer, sondern überlegen mit dem Betroffenen andere Übungen. Für viele Zwangskranke, nicht nur für die besonders perfektionistischen, ist es auch eine wertvolle Erfahrung, dass ihr Helfer etwas nicht weiß und man gemeinsam neue Wege suchen muss.

Wenn Sie mit Betroffenen Expositionen in Begleitung durchführen möchten, so sollten Sie Folgendes beachten:

Vor der Übung: Besprechen Sie, wie die Übungen aussehen sollen, was der Betroffene machen will und was Sie machen. Fragen Sie den Betroffenen außerdem, was Sie aus seiner Sicht für ihn während der Übungen tun können, ob es etwas gibt, was er sich von Ihnen wünscht. Wichtig ist auch, dass Sie den Betroffenen fragen, was Sie tun sollen, wenn er mehr Zwangshandlungen als vorher vereinbart ausführt.

BEISPIEL →

> **Herr Sievert:** »Ich möchte gern bei mir zu Hause in der Küche einen Kaffee mit der Kaffeemaschine kochen. Dabei möchte ich den Wasserhahn zudrehen, ohne später noch mal nachzufassen. Den Schalter der Kaffeemaschine möchte ich ausmachen und nur noch einen Blick da-

rauf werfen, dass sie auch wirklich aus ist. Dann könnten wir den Kaffee in der Küche trinken und danach wieder in die Klinik zurückgehen.«

Ko-Therapeutin: »Das finde ich eine gute Übung. Besser wäre es nur, wenn wir den Kaffee nicht in der Küche trinken, sondern im Wohnzimmer. Erfahrungsgemäß ist die Versuchung sonst groß, doch einmal auf den Schalter zu gucken. Wären Sie damit einverstanden?«

Herr Sievert: »Ja stimmt, da haben Sie recht. Machen wir es so.«

Ko-Therapeutin: »Ich werde dann vor Ihrem vernünftigen Kontrollieren aus der Küche gehen, damit der Zwang Ihnen nicht einreden kann, ach, die Frau Ko-Therapeutin, die hat schon aufgepasst. Wenn wir dann im Wohnzimmer sitzen und der Zwang Ihnen einreden will, dass die Küche gleich abbrennt, werde ich Sie darin unterstützen, Ihren gesunden Teil zu stärken. Haben Sie einen Wunsch an mich, was ich dann noch für Sie tun kann?«

Herr Sievert: »Dass Sie da sind, hilft mir schon viel. Aber vielleicht können Sie mir Mut machen, dass ich die Übung durchhalte.«

Ko-Therapeutin: »Das will ich gerne tun. Eins ist noch wichtig: Was soll ich tun, wenn Sie nicht aus der Küche kommen und ich den Verdacht habe, dass Sie viel länger kontrollieren als abgemacht? Soll ich einfach still warten? Oder soll ich einmal rufen? Oder (scherzhaft) soll ich Sie aus der Küche hinauszerren?«

Herr Sievert (*überlegt länger*): »Können Sie einmal rufen?«

Ko-Therapeutin: »Das kann ich gern tun. Haben wir dann alles besprochen oder gibt es sonst noch was Wichtiges, was Ihnen auf dem Herzen liegt oder was wir vergessen haben?«

Herr Sievert: »Nein, ich glaube, das wars.«

Ko-Therapeutin: »Gut, dann können wir ja losgehen.«

Während der Übung: Der Betroffene führt seine Übungen durch, Sie verhalten sich so, wie Sie es im Vorfeld besprochen haben. Beispielsweise gehen Sie in dem oben genannten Beispiel vor der Herdkontrolle aus der Küche und loben den Betroffenen viel: »Prima, wie Sie das machen!

Schön, dass Sie so mutig sind.« Fragen Sie in regelmäßigen Abständen, z. B. alle fünf Minuten nach, wie hoch seine unangenehmen Gefühle (beispielsweise Angst oder Ekel) sind, am besten auf einer Skala von 0 bis 10 (0 = gar nicht, 10 = maximal). Fragen Sie, wie sein Körper reagiert und was für Gedanken er hat (»Was geht Ihnen jetzt durch den Kopf? Was will Ihnen Ihr Zwang jetzt einreden?«), damit Sie im Bilde sind, wie der Betroffene auf die Übungen reagiert. Äußern Sie Verständnis, wenn es dem Betroffenen schlecht geht, ermutigen Sie ihn, trotzdem durchzuhalten. Achten Sie auf Vermeidungsverhalten und Ablenkung und weisen Sie ihn darauf hin (z. B., dass er zu viel redet). Denken Sie daran, dass es eine ganze Weile dauern kann, bis die unangenehmen Gefühle, Gedanken und Körperempfindungen nachlassen (mehr als eine Stunde ist nicht ungewöhnlich), und verlieren Sie nicht die Nerven. Wenn der Betroffene abbrechen will, versuchen Sie, ihn zu motivieren durchzuhalten, aber belassen Sie die Entscheidung bei ihm. (»Herr Sievert, es ist natürlich Ihre Entscheidung, aber es wäre so schade, wenn Sie abbrechen würden. Denken Sie mal daran, wie stolz Sie heute Abend sind, wenn Sie jetzt weitermachen.«)

Nach der Übung: Machen Sie eine Nachbesprechung, in der Sie den Betroffenen loben, seinen Erfolg herausstellen und besprechen, was er durch die Übungen gelernt hat. Treffen Sie außerdem eine Vereinbarung, was er bis zum nächsten Treffen eigenständig üben sollte.

Planen Sie insgesamt genügend Zeit ein. Die Übung ist erst erfolgreich abgeschlossen, wenn die unangenehmen Gefühle, Gedanken und Körperempfindungen deutlich zurückgegangen sind. Wichtiges Kriterium ist dabei, dass der Betroffene sich zutraut, die noch bestehenden unangenehmen Begleiterscheinungen ohne den Helfer und ohne Zwangshandlungen zu bewältigen. Das bedeutet, dass Sie neben der Wegezeit, der Nachbesprechungszeit und in Abhängigkeit von der Schwierigkeit der Übungen lieber zwei bis drei Stunden einplanen sollten. Wenn Sie früher fertig sind, umso besser.

MERKE → Übungen, die abgebrochen werden müssen, weil nicht genug Zeit eingeplant wurde, werden als Misserfolg verarbeitet und führen dazu, dass Betroffene vor der nächsten Übung viel mehr Angst haben.

Eine gute Unterstützung bei den Expositionsübungen steht mit einem computergestützten »Anti-Zwangs-Training« zur Verfügung (WÖLK & SEEBECK 2002). Dabei leitet Brainy, ein virtueller Ko-Therapeut, den Betroffenen zu regelmäßigen Expositionsübungen in seiner häuslichen Umgebung an.

Neben Exposition mit Reaktionsmanagement sind weitere Techniken von Bedeutung, die an unterschiedlichen Stellen in der Behandlung allein oder in Kombination mit Expositionsübungen eingesetzt werden können. Eine Technik, die 4-Stufen-Methode ⟵ **Die 4-Stufen-Methode** (SCHWARTZ & BEYETTE 2000), dient der Distanzierung von Zwangsgedanken und Zwangshandlungen. Nach dem Motto: »Das ist nicht die Wirklichkeit, sondern nur eine falsche Botschaft meines Gehirns.« – oder, wem das zu biologisch ist: »Das bin nicht ich, das ist mein Zwang« –, werden Zwangsgedanken und Zwangshandlungen als solche benannt. Sie werden als Zeichen für eine Zwangserkrankung, nicht als zur eigenen Person gehörig bewertet, um dann ein alternatives Verhalten auszuführen. Mit der Zeit bekommen Zwangsgedanken und Zwangshandlungen dadurch eine sehr viel geringere Bedeutung.

Die 4-Stufen-Methode kann gut im Rahmen von Expositionen eingesetzt werden. Wenn beispielsweise Herr Sievert nach adäquater Kontrolle des Herdes die Küche verlassen hat, doch die Zwangsgedanken sich weiterhin aufdrängen und eine Reduktion von Ängsten und körperlichen Symptomen erschweren oder verhindern, so kann der Satz »Das bin nicht ich, das ist mein Zwang« eine zusätzliche Hilfe sein. Auch die Ko-Therapeutin kann diesen Satz wiederholt sagen, wenn sich der Betroffene schwertut: »Herr Sievert, denken Sie daran, das sind nicht Sie, sondern Ihr Zwang. Sagen Sie sich: ›Das bin nicht ich, das ist mein Zwang, der mir das einredet.‹«

Weitere Techniken ⟵ **Übungen zur Änderung von Fehlinterpretationen** zielen auf die Veränderung von Einstellungen und Bewertungen ab. Auf Seite 38 ff. wurde die Neigung von Zwangskranken, Gefahren zu überschätzen, dargestellt. LAKATOS & REINECKER (1999) stellen Möglichkeiten und anschauliche Gedankenexperimente vor, diese übertriebenen Einschätzungen für das Eintreten des befürchteten Ereignisses zu relativieren. Eine Vorgehensweise besteht darin, die Problematik mit dem Betroffenen einmal unter umgekehrten Vorzeichen zu betrachten: Was müsste alles passieren, damit ein von Kontrollzwängen Betroffener die Versicherungsprämie für sein abgebranntes Haus kassieren kann? Die Prämie wird nur ausgezahlt, wenn es sich weder um Absicht noch um Fahrlässigkeit handelt. Was müsste also passieren, damit der Betroffene die Prämie erhält?

Wenn Betroffene dazu neigen, die eigene Verantwortung zu überschätzen, kann man zusammen erarbeiten, welche Faktoren insgesamt einen Einfluss darauf haben, dass ein gefürchtetes Ereignis eintritt, und dies anhand eines Tortendiagramms grafisch darstellen (siehe Abbildung 10, nächste Seite). Der Einfluss des Betroffenen wird zuletzt eingetragen. Wenn dem Betroffenen dann das Prinzip vertraut ist, kann er allein weitere Tortendiagramme für befürchtete Ereignisse herstellen und mit seinem (Ko-)Therapeuten nachbesprechen.

Eine weiterer Vorschlag von Lakatos und Reinecker ist der Einsatz von Verhaltensexperimenten. Hierbei handelt es sich um Risikoübungen, die objektiv ungefährlich sind, aber den Umgang mit Unsicherheiten trainieren. Ermuntern Sie doch beispielsweise einen Betroffenen mit Kontrollzwängen, das Licht in der Küche über Nacht anzulassen oder die Balkontür eine Weile offen zu lassen.

ABBILDUNG 10 Die Änderung von Fehlinterpretationen
Mögliche Verantwortungszuschreibungen am Beispiel eines Passanten, der auf einer Bananenschale ausrutscht

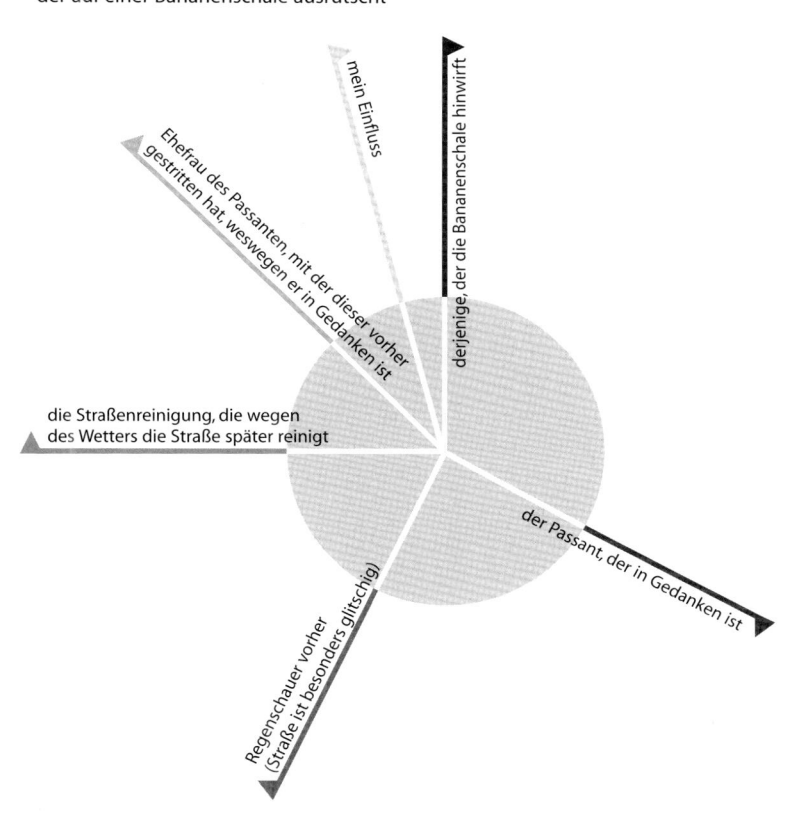

- mein Einfluss
- derjenige, der die Bananenschale hinwirft
- Ehefrau des Passanten, mit der dieser vorher gestritten hat, weswegen er in Gedanken ist
- die Straßenreinigung, die wegen des Wetters die Straße später reinigt
- der Passant, der in Gedanken ist
- Regenschauer vorher (Straße ist besonders glitschig)

Alle diese genannten Techniken leiten eine Umbewertung ein, d. h., der Betroffene lernt, dass es sich bei den Gedanken nicht um Realität handelt, sondern um übertriebene Befürchtungen im Rahmen einer Zwangserkrankung. Als alleinige Technik zur Reduktion von Zwängen sind Umbewertungsübungen jedoch in der Regel nicht ausreichend. Insbesondere bei stärkeren Zwängen sollten sie mit Expositionen verbunden werden.

Multimodale Verhaltenstherapie

Wenn bei der Erarbeitung des individuellen Erklärungsmodells deutlich wird, dass neben der Zwangssymptomatik weitere Problembereiche zu bearbeiten sind, dann ist eine multimodale Verhaltenstherapie indiziert. Neben der Anwendung der spezifischen Symptomtechniken beinhaltet diese auch die Arbeit an ursächlichen und aufrechterhaltenden Bedingungen der Zwänge. Dabei ist es in der Regel sinnvoll, zunächst mit störungsspezifischen Interventionen zur Reduktion der Zwangssymptomatik zu beginnen. Diese führen bei der Mehrzahl der Patienten schnell zu ersten Erfolgserlebnissen und erhöhen über die Zunahme von Selbstbewusstsein die Bereitschaft und die Zuversicht, Änderungen auch in den anderen Problembereichen erreichen zu können. Oft werden bei Expositionen und Umbewertungsübungen auch die Störungszusammenhänge nochmals deutlicher und erlauben eine tiefergehende Arbeit an den ursächlichen Bedingungen.

BEISPIEL → Eine 39-jährige Mutter fürchtet, dass ihre Zwillinge durch Schadstoffe vergiftet werden, an Krebs sterben und sie dafür verantwortlich ist, weil sie nicht genügend Vorsorge getroffen hat. Sie ist den Tag über damit beschäftigt, entsprechende Fachleute bis zu 30-mal anzurufen, um sich zu informieren. Zuletzt ist ihr eine Versorgung der Zwillinge kaum noch möglich. Sie bewertet die Befürchtungen als deutlich übertrieben, kann aber trotzdem die Anrufe und das wiederholte Befragen der Fachleute nicht unterlassen.

Die Patientin erzählt, dass die Befürchtungen erstmalig während der Schwangerschaft aufgetreten seien, sie hätte vor Sorge, durch die Aufnahme von Giftstoffen den ungeborenen Kindern zu schaden, kaum mehr schlafen können.

Weiter ist zu erfahren, dass die Patientin, die in einem streng religiösen Elternhaus aufwuchs, im neunzehnten Lebensjahr eine Abtreibung vornehmen ließ, die sie sehr schuldhaft verarbeitet hat. Nach ihrer Heirat hatte ein Frauenarzt ihr gesagt, dass sie keine Kinder bekommen könne. Sie war nach einem Jahr doch schwanger geworden und hatte eine Fehlgeburt erlitten. Die »Diagnose« des Frauenarztes und die Fehlgeburt hatte sie als Strafe für die Abtreibung bewertet.

Die während des stationären Aufenthaltes für die Mutter zuständige Psychologin entwickelte mit der Patientin ein individuelles Erklärungsmodell für die Entstehung und Aufrechterhaltung ihrer Zwänge vor dem Hintergrund ihrer Erfahrungen. Auch hier war es sinnvoll, zunächst mit der Arbeit an den Zwängen zu beginnen. Auf der Station wurde eine Zwangsinformationsgruppe angeboten, an der die Patientin teilnahm. Dort lernte sie, ihre Auslöser zu identifizieren und den Zusammenhang zwischen Auslösern, Zwangshandlungen und Vermeidungsverhalten zu erkennen. Auch die Technik der Exposition mit Reaktionsmanagement lernte sie in der Gruppe kennen.

Mit der Ko-Therapeutin, die sich zuvor mit der Psychologin abgestimmt hatte, erstellte die Patientin dann einen Übungsplan. Leichtere Übungen führte sie in Eigenregie durch, die schwierigeren mit der Ko-Therapeutin. Dabei war es ihr vor allem wichtig, dass die Ko-Therapeutin sie in den Übungen immer wieder fragte, ob etwas wirklich gefährlich sei oder ob es nur der Zwang sei, der der Patientin etwas einredete, weil sie dazu neigte, alles als übertrieben gefährlich einzustufen.

In den Einzelgesprächen mit der Psychologin lag der Schwerpunkt darauf, die schuldhaft verarbeitete Abtreibung sowie zentrale negative Annahmen über sich selbst (»Ich bin eine schlechte Mutter«) zu bearbeiten.

Therapie »am Symptom vorbei«

Hier liegt der Schwerpunkt auf der Bearbeitung ursächlicher und aufrechterhaltender Bedingungen der Zwangssymptomatik. Sie sollte von psychologischen oder ärztlichen Psychotherapeuten durchgeführt werden.

BEISPIEL → Eine 35-jährige Sekretärin berichtete bei Aufnahme in eine stationäre Therapie von zwanghaft sich aufdrängenden Befürchtungen, sich durch Bakterien zu infizieren, an HIV oder weiteren Krankheiten zu erkranken und dadurch anderen einen Schaden zuzufügen. Diese Zwangsgedanken bekämpfte sie mit Waschzwängen.

Die Zwänge hatten im Alter von 26 Jahren begonnen, als ihr Verlobter im Anschluss an einen Streit mit ihr auf einer Autofahrt tödlich verunglückte und sie sich dafür die Schuld gab. Sie hatte die Waschzwänge über die Jahre hin in einem für sie erträglichen Ausmaß halten können, zu Beginn dieses Jahres eine ambulante Verhaltenstherapie unternommen und von den Symptomtechniken sehr profitieren können. Vor einigen Wochen jedoch sei sie erstmalig nach dem Tod des Partners eine neue Partnerschaft eingegangen. Die Zwänge seien daraufhin eskaliert, Symptomtechniken hätten keine Wirkung gezeigt.

Da bei dieser Patientin Zwänge die Funktion einer Art Sühne und Selbstbestrafung einnahmen, lag der Schwerpunkt der stationären Therapie in einer Bearbeitung des zugrunde liegenden biografischen Traumas, des Autounfalls des damaligen Partners. Die Zwänge verschwanden im Laufe der Therapie allmählich »von selbst«.

Medikamentöse Behandlung

Auch wenn die Beratung über die Einnahme von Medikamenten sowie ihre Verschreibung Aufgabe eines Arztes, am besten eines Psychiaters, ist, sollte ein gewisses Grundwissen über Medikamente, Wirkungen und Nebenwirkungen bei Helfern aller Berufsgruppen vorhanden sein. Betroffene haben oft Fragen oder Diskussionsbedarf zu diesem Thema, und es ist gut, wenn sie dann mit Ihnen auch darüber sprechen können, insbesondere dann, wenn Sie eine wichtige Vertrauensperson sind und wenn nur selten Kontakt zum Psychiater besteht.

»Die Medikamente wirken noch gar nicht, soll ich sie überhaupt noch weiter nehmen?«, fragt ein Betroffener drei Wochen nach Beginn der Einnahme. »Ich habe mir überlegt, die Medikamente nur zu nehmen, wenn die Zwänge besonders stark sind. Meinen Sie, das geht?«, fragt ein anderer. »Ich möchte die Medikamente absetzen, nachdem ich in einer Verhaltenstherapie so viel gelernt habe. Ich bin aber noch unsicher, ob ich mir das zutraue. Was meinen Sie?« Das sind alles Fragen, zu denen Sie auch als Nichtmediziner eine Meinung äußern können.

Außerdem kommt es gar nicht so selten vor, dass schwer Zwangserkrankte, die momentan eine Verhaltenstherapie gar nicht bewältigen könnten, gar nicht wissen, dass Medikamente helfen können. Dann können Sie diese Betroffenen vorab beraten und ihnen empfehlen, sich an einen Psychiater zu wenden, der sie detailliert informiert und die Auswahl eines spezifischen Medikamentes mit ihnen bespricht.

In der Behandlung von Zwangserkrankungen haben sich verschiedene Medikamente als wirksam erwiesen. Gemeinsam ist ihnen, dass sie in den Hirnstoffwechsel eingreifen. Bestimmte Botenstoffe werden von den Nervenzellen im Gehirn ausgeschüttet, übermitteln Informationen an die nächsten Zellen und werden dann von den Zellen wieder aufgenommen. Die Medikamente gegen die Zwänge wirken, indem sie die Wiederaufnahme dieser Botenstoffe blockieren. Die selektiven Serotoninwiederaufnahmehemmer (SSRI) blockieren fast ausschließlich die Wiederaufnahme des Botenstoffes Serotonin.

Zurzeit stehen sechs Serotoninwiederaufnahmehemmer zur Verfügung, die unter verschiedenen Namen auf dem Markt sind, nämlich Escitalopram, Fluoxetin, Fluvoxamin, Paroxetin sowie Citalopram und Sertralin (wobei die beiden Letztgenannten in Deutschland nicht die Zulassung für Zwangserkrankungen haben). Ein schon älteres bei Zwangsstörungen wirksames Medikament ist das Clomipramin. Dieses hemmt ebenfalls die Wiederaufnahme von Serotonin, wirkt aber auch noch auf mehrere weitere Botenstoffe. Entsprechend neueren Studien soll auch Venlafaxin bei Zwangsstörungen gut wirken. Dieses Medikament hemmt die Wiederaufnahme von Serotonin und Noradrenalin, ist aber ebenfalls in Deutschland für Zwangserkrankungen nicht zugelassen.

Die Medikamente müssen kontinuierlich, d.h. nicht nur bei Bedarf eingenommen werden, damit sie überhaupt wirken können. Mit einem Eintritt der gewünschten Wirkung ist nach vier bis acht Wochen zu rechnen, manchmal auch erst nach zwölf Wochen. Ungefähr zwei Drittel der Betroffenen berichten, dass ihre Zwänge durch die medikamentöse Behandlung deutlich weniger geworden sind. Nebenwirkungen werden von vielen Betroffenen besonders in den ersten Tagen nach Beginn der Einnahme genannt, am häufigsten treten innere Unruhe, Kopfschmerzen, Schlafstörungen, Übelkeit oder Durchfall und sexuelle Störungen auf. Die meisten unerwünschten Wirkungen verschwinden nach ein bis zwei Wochen, nur bei den sexuellen Funktionsstörungen tritt eine Besserung häufig erst nach Dosisreduktion oder Absetzen des Medikamentes ein.

Die Wahrscheinlichkeit des Auftretens von unerwünschten Wirkungen und ihre Intensität können deutlich verringert werden, wenn die Anfangsdosis sehr niedrig gehalten und dann nach Verträglichkeit gesteigert wird. Wenn ein Medikament aus dieser Gruppe trotz ausreichend hoher Dosierung und Dauer der Einnahme nicht wirkt oder die Nebenwirkungen nicht tolerierbar sind, so kann auf ein anderes Medikament dieser Gruppe umgestellt werden. Ermutigen Sie »Ihren« Betroffenen, auftretende Nebenwirkungen mit seinem Arzt zu besprechen. Sie können auch ein konkretes Gespräch mit ihm im Rollenspiel vorbereiten, wenn er sich nicht traut.

Bei starken Zwangsgedanken oder bei sehr bizarren Zwangssymptomen kann neben den SSRIs die zusätzliche Einnahme von (atypischen) Neuroleptika in niedriger Dosierung sinnvoll sein.

Was wirkt?

Zur Frage, was besser ist, Verhaltenstherapie allein, eine Kombination aus Verhaltenstherapie und (S)SRIs oder nur (S)SRIs, wurde relativ eindeutig nachgewiesen, dass eine ausschließlich medikamentöse Behandlung einer verhaltenstherapeutischen Behandlung unterlegen ist. Da außerdem bei über 80% der Zwangskranken nach Absetzen der Medikamente die Zwangssymptomatik sehr rasch wieder zunimmt, wird empfohlen, die Einnahme von Medikamenten – wenn möglich – mit einer Verhaltenstherapie zu kombinieren.

Beim Vergleich der Wirksamkeit von einer Kombinationsbehandlung mit einer verhaltenstherapeutischen Behandlung ohne Medikation konnte keine Überlegenheit der Kombinationsbehandlung nachgewiesen werden, d. h., Verhaltenstherapie allein wirkt genauso gut wie Verhaltenstherapie und (S)SRIs zusammen.

Untersuchungsergebnisse beziehen sich jedoch in der Regel auf die untersuchte Gruppe als ganze. Im Einzelfall kann es sehr sinnvoll sein, sich für eine Kombination aus Verhaltenstherapie und Medikation zu entscheiden, z. B.

- wenn der Betroffene eine medikamentöse Behandlung wünscht;
- wenn eine Verhaltenstherapie allein nicht (ausreichend) geholfen hat;
- wenn Zwangsgedanken im Vordergrund stehen;
- wenn zusätzlich schwere Depressionen vorliegen;
- wenn die Zwangsstörung so schwer ist, dass Medikamente eine Verhaltenstherapie überhaupt erst ermöglichen.

Vielen Betroffenen, die von einer Kombination aus Verhaltenstherapie und Medikation sehr gut profitieren konnten, ist es früher oder später ein Anliegen, die Medikamente zu reduzieren und irgendwann abzusetzen. Empfehlenswert ist, die Medikation beizubehalten, bis im Alltag eine gewisse Sicherheit in der Anwendung der verhaltenstherapeutischen Techniken und eine Stabilisierung des Zustandes eingetreten sind, und dann langsam und in kleinen Schritten in Absprache mit dem behandelnden Arzt die Medikation auszuschleichen. Betroffene sollten nicht mit dem Absetzen beginnen, wenn größere Veränderungen in ihrem Leben bevorstehen, sondern erst, wenn diese Änderungen gut bewältigt wurden. Bei der Reduktion der Medikation besteht ein Risiko, dass die Zwänge wieder zunehmen, und der Bewältigung dieser Zunahme verhaltenstherapeutisch »gegenzusteuern« ist erfolgversprechender, wenn die Rahmenbedingungen günstig sind.

Die Einbeziehung der Angehörigen

Günstig ist es immer, wenn Angehörige in die Zusammenarbeit von Helfer und Betroffenem mit einbezogen werden können. Angehörige von Zwangskranken sind häufig sehr stark in die Zwangssymptomatik eingebunden. Sie unterstützen den Betroffenen bei der Ausführung von Zwangshandlungen, passen sich den Vorschriften des Zwanges an oder helfen, die Zwangserkrankung nach außen zu verbergen. Am Beginn der Erkrankung steht oft der Wunsch, dem Betroffenen in seiner Not zu helfen. Die Unterstützung führt dazu, dass Zwangshandlungen zunächst weniger werden, der Betroffene lernt jedoch nicht, die Befürchtungen ohne Zwangshandlungen zu bewältigen. Langfristig nehmen die Zwänge immer weiter zu und die Angehörigen werden aufgrund der zunehmenden Einengung eigener Freiräume durch die Zwänge des Betroffenen sowie die geforderte Hilfe immer gereizter und belasteter. Sie reagieren zunehmend verständnislos, weil sie nicht nachvollziehen können, warum der Betroffene Dinge tun muss, die er selbst als unsinnig bezeichnet. Gut gemeinte oder auch gereizt geäußerte Ratschläge an den Betroffenen, sich zusammenzureißen, führen selten zum gewünschten Ergebnis, sondern verstärken die Spannungen und damit häufig auch den Zwang.
CIUPKA-SCHÖN (2006) weist darauf hin, dass sich die Effektivität einer Therapie meist deutlich steigern lässt, wenn Angehörige gezielt mit eingebunden werden. Schon am Beginn der Behandlung können Angehörige wichtige diagnostische Informationen liefern, die dem Betroffenen selbst nicht bewusst sind oder die er aus Schamgefühl verschweigt. Angehörige sind aber nicht nur Informationsquellen, die man nutzen

kann, sie haben häufig auch selbst ein starkes Informationsbedürfnis, dem man Rechnung tragen sollte. Die Aufklärung über die Erkrankung und die Behandlung ist für sie eine Entlastung. Insbesondere die Erläuterung der vielfältigen Ursachen von Zwangserkrankungen kann bei Gedanken, an der Entstehung der Erkrankung schuld zu sein, eine ausgesprochen entlastende Wirkung haben.

Die Beziehung zum Betroffenen kann sich außerdem deutlich verbessern, wenn Angehörige darüber informiert sind, dass es sich um eine Erkrankung handelt, nicht um ein Problem, das mit »Zusammenreißen« zu lösen ist. Damit verhindert man im besten Fall eine schwierige Situation wie die folgende, in der ein Angehöriger aufgrund von Informationsmangel und eigener Belastung sehr problematische Umgangsweisen mit dem Betroffenen entwickelt hat.

BEISPIEL → Herr Reitz, ein Krankenpfleger auf einer Psychotherapiestation, der Wochenenddienst hat, kommt zufällig dazu, wie der Vater seinen schwer zwangskranken Sohn immer wieder anstößt und in sehr aggressivem Ton fast schon brüllt: »Jetzt reiß dich mal zusammen, jetzt geh endlich vorwärts!« Der Sohn, der immer wieder stehen bleiben muss, weil er gedankliche Rituale nicht unterlassen kann, wird zunehmend ängstlicher und nervöser, was dazu führt, dass er noch schlechter vorankommt.

Wenn Sie mit solchen oder ähnlichen Situationen konfrontiert werden, ist es wichtig, diese möglichst schnell zu unterbrechen, damit sich die Lage etwas beruhigen kann. (»Halt, Moment mal, kann ich Ihnen behilflich sein?«) Günstig ist es, wenn Sie dann einen Rahmen für ein kurzes Gespräch mit dem Angehörigen in ruhigerer Atmosphäre schaffen können. (»Lassen Sie uns doch für einen Moment in den Teamraum gehen, da haben wir mehr Ruhe für ein kurzes Gespräch.«) Wenn der Betroffene noch keine Methode zur Bewältigung seiner Zwänge erlernt hat, lassen Sie ihn inzwischen seine Rituale zu Ende führen. (»Herr Mayer, bleiben Sie doch hier und bringen Sie in Ruhe Ihre Zwänge zu Ende, ich gehe inzwischen mit Ihrem Vater zu einem Gespräch in den Teamraum.«) Ansonsten ermutigen Sie ihn, seine Techniken anzuwenden. (»Herr Mayer, Ihr Vater und ich gehen zu einem kurzen Gespräch in den Teamraum, nehmen Sie sich doch die Zeit, das gegen die Zwänge anzuwenden, was Sie gelernt haben.«) Versuchen Sie, dem Angehörigen im Gespräch zu vermitteln, dass der Betroffene unter einer Zwangserkrankung leidet, die dadurch gekennzeichnet ist, dass er unter starkem Druck steht, etwas zu tun, was er gar nicht möchte. Dass er sich alle Mühe gibt, die Zwänge nicht auszuführen, aber aufgrund der Krankheit nicht anders handeln kann. Machen Sie gleichzeitig deutlich, dass das Verhalten des Angehörigen nachvollziehbar ist, häufig aber den Betroffenen noch mehr unter Druck setzt, so dass die Zwänge noch schlimmer werden. Dabei sollten Sie immer wieder auch Verständnis für die oft schon Jahre andauernde Belastung des Angehörigen äußern.

Wenn Sie in einem Umfeld arbeiten, in welches der Betroffene zur Therapie gekommen ist, dann können Sie zusätzlich darauf hinweisen, dass es gut ist, dass der Betroffene in Behandlung gekommen ist, und gute Aussichten bestehen, dass es ihm nach der Therapie wieder besser gehen wird. Verweisen Sie auch auf die Möglichkeit, einen Gesprächstermin mit dem zuständigen Einzeltherapeuten zu vereinbaren, der den Angehörigen ausführlich informieren und beraten kann. In vielen Kliniken gibt es außerdem Angehörigengruppen, in denen Angehörige etwas für sich selbst tun können.

Von besonderem Interesse ist für ↤ **Angehörige als Ko-Therapeuten** viele Angehörige die Frage, wie sie sich verhalten sollen, wenn Zwänge auftreten, wie sie Grenzen setzen und sich eigene Freiräume erhalten oder zurückerobern können. Wichtig ist natürlich, ganz allgemein gesprochen, dass Angehörige Zwänge nicht mehr unterstützen. Sie sollen also beispielsweise keine Kontrollhandlungen mehr übernehmen und auch keine Rückversicherung mehr geben. Nachdem Angehörige ausreichend über die Zwangserkrankung informiert worden sind, ist es sinnvoll, gemeinsam mit Betroffenen und Angehörigen zu besprechen, wie das neue »normale« Verhalten des Angehörigen konkret aussehen könnte. Dazu gehört, dass Angehörige sich nicht mehr auf Diskussionen über den Sinn von Zwängen einlassen. Im symptomorientierten Behandlungsteil können Angehörige als Ko-Therapeuten gewonnen werden und wertvolle Unterstützung für die Therapie geben. Außerdem können sie, wenn sie gesunde Maßstäbe haben, dem Betroffenen als Modell dienen. Wichtig ist auch der Hinweis, dass Angehörige Fortschritte des Betroffenen wahrnehmen und anerkennen und sich von möglichen Rückschlägen nicht irritieren lassen sollten. Die Ermutigung zur Planung gemeinsamer angenehmer Aktivitäten kann Inhalt gemeinsamer Gespräche mit Betroffenen und Angehörigen sein, damit es neben dem Zwang auch noch andere unbelastete Bereiche gibt, die allen Beteiligten guttun.

Die Einbeziehung von Angehörigen in eine laufende Therapie ist besonders wichtig, wenn Zwänge eine Bedeutung in familiären Konflikten haben, was nicht selten der Fall ist. Zwänge können beispielsweise von anderen Problemen der Familie ablenken. Eine von Waschzwängen Betroffene sagte nach erfolgreicher Symptomreduktion einmal halb scherzhaft: »Früher war ich so mit den Zwängen beschäftigt, dass mein Mann und ich gar keine Zeit hatten, uns zu streiten. Das war schon auch praktisch. Jetzt kommen die Konflikte auf den Tisch, und wir müssen sie lösen.«

Haben Beziehungskonflikte eine aufrechterhaltende Funktion für die Zwänge, so ist für eine längerfristige Besserung die Einbeziehung aller an dem Konflikt Beteiligten sehr sinnvoll. Im Einzelfall können sich verhaltenstherapeutische paar- und familientherapeutische Sitzungen sogar zum Schwerpunkt einer Psychotherapie entwickeln.

Die Möglichkeiten, wie Angehörige in die Zusammenarbeit einbezogen werden, hängen natürlich stark von Ihrem Arbeitsumfeld mit seinen Rahmenbedingungen ab. In einer Beratungsstelle, in die vielleicht nur der Angehörige kommt, geht es eher darum, was dieser für sich selbst tun kann, wie er eigene Bedürfnisse wieder mehr verfolgen, eigene Freiräume erarbeiten oder erweitern und sich selbst etwas Gutes tun kann. Im Rahmen einer längeren stationären Behandlung besteht dagegen eher die Möglichkeit, Therapiegespräche mit den Angehörigen, dem zuständigen Einzeltherapeuten und dem Ko-Therapeuten zu führen. Und wenn jemand für einen längeren Zeitraum in einem Wohnheim lebt, besteht möglicherweise ab und zu der Bedarf, gemeinsame Gespräche mit dem Betroffenen und seinen Angehörigen und den Teammitgliedern zu führen, die am meisten Kontakt mit dem Betroffenen haben.

Der Hinweis auf Angehörigengruppen und Anlaufstellen, an denen Angehörige Unterstützung erhalten (DGZ), sollte jedoch unabhängig vom Setting erfolgen. Der Austausch mit gleichermaßen Mitbetroffenen ist für viele Angehörige eine große emotionale und praktische Unterstützung. Ist die Belastung der Angehörigen sehr stark – mehr als die Hälfte leidet nach einer Untersuchung von KATSCHNIG u. a. (1998) unter erheblichen psychischen Problemen –, kann der Helfer auch dazu raten, dass sich Angehörige selbst professionelle Unterstützung suchen.

Häufige Schwierigkeiten
und der Umgang damit

Die meisten Menschen halten das, was sie im Alltag machen, für normal und richtig: Wie ihr Wasch- und Reinigungsverhalten aussieht, wie gründlich sie Arbeiten erledigen und deren Ergebnis überprüfen, was sie für ansteckend und gefährlich halten, was für sie sicher ist, wie ordentlich es bei ihnen aussieht – den meisten sind diese Dinge selbstverständlich, und sie machen sich kaum Gedanken darüber. In der Regel bewegen sie sich außerdem in einem Umfeld, welches diese Vorstellungen auch teilt, so dass es gar keinen Anlass gibt, das, was man für normal und richtig hält, zu hinterfragen.

Reflexion der eigenen Normen und Werte

Im Umgang mit Zwangserkrankten kann diese Selbstverständlichkeit jedoch sehr schnell in Frage gestellt werden. Wie bei kaum einer anderen Erkrankung ist ein Helfer immer wieder gefordert, seine eigenen Werte und Normen zu reflektieren und möglicherweise auch zu hinterfragen.

Sehr schnell kann diese Diskussion über Standards auch zu (unerwünschten) Bewertungen der Person, die diese Standards vertritt, führen. Muss man noch mal kontrollieren, ob das Auto abgeschlossen ist? Wenn man »nein« antwortet, ist man dann leichtsinnig? Wenn man »ja« antwortet, ist man dann gewissenhaft oder ist man pingelig? Wechselt man jeden Tag die Socken, auch wenn sie nicht riechen? Wenn man »ja« antwortet, ist man dann gepflegt oder ein Umweltsünder? Wenn man »nein« antwortet, ist man dann umweltbewusst oder »schmuddelig«? Wäscht man sich vor dem Essen die Hände – überholte Regeln aus dem Elternhaus oder sinnvolle Hygiene? Die Diskussion kann in sehr private Bereiche hineinreichen, über die man meistens nicht so gern spricht: Wie viel Toilettenpapier benutzt man nach dem Toilettengang? Wie lange wäscht man sich die Hände nach der Selbstbefriedigung? Wie lange wäscht man sich die Hände, wenn man während der Menstruation die Binde wechselt?

Die Fragen können hier natürlich nicht beantwortet werden, weil es keine eindeutig richtige Antwort gibt. Sie sollen nur verdeutlichen, mit welchen Themen Helfer konfrontiert werden können und wie subjektiv die eigenen Normen und Werte sind, auch wenn viele im Umfeld sie mit einem teilen.

Zwangskranke sind häufig in ihren Normen und Werten verunsichert, haben Schwierigkeiten zu unterscheiden, was ihre eigenen Vorstellungen und was die Vorstellungen des Zwanges sind. Diese Unsicherheit teilt sich auch dem Helfer mit, von dem sie Antworten wünschen. Um besser antworten bzw. diskutieren zu können, ist daher eine Reflexion der eigenen Werte und Vorstellungen notwendig: Wie sehen meine Normen und Werte aus, welche sind für mich persönlich unumstößlich, von welchen kann ich leichter abweichen?

Bei den Überlegungen gilt es zu bedenken, dass es sich immer um persönliche Wertvorstellungen handelt, die auf eigenen Vorlieben, Bedürfnissen und Eigenschaften beruhen, nicht auf objektiven Gegebenheiten. Sehr schnell kann sich sonst ein »Normendruck« einstellen, der bei einem unsicheren Gegenüber zur Unehrlichkeit führen kann.

Dazu ein kleines Beispiel: Immer wieder geben in Umfragen fast alle Befragten an, dass sie sich nach dem Toilettengang die Hände waschen. Untersucht man diese Frage aber mittels Verhaltensbeobachtungen, dann ist der Prozentsatz an Personen, die sich die Hände waschen, regelmäßig deutlich geringer. Die in der Öffentlichkeit vertretenen persönlichen Sauberkeitsstandards liegen bei vielen Menschen über den tatsächlich praktizierten, kaum jemand mag es offen äußern, wenn er es mit dem Händewaschen nach dem Toilettengang nicht so genau nimmt.

Was im Alltag eher erheiternd wirkt, kann für einen Betroffenen problematisch werden, wenn er sich nicht traut, dem Helfer seine abweichende Meinung zu schildern. Solche Probleme können vermieden werden, wenn der Helfer seine Normen und Wertvorstellung wohlwollend und kritisch reflektiert hat.

Die Frage nach den eigenen Werten und Vorstellungen hat bei Zwangserkrankten auch noch eine andere Facette. Bestimmte aggressive Zwangsgedanken können den eigenen Werten zentral entgegenstehen wie beispielsweise aggressive Zwangsgedanken und Bilder, jemanden mit einem Messer zu erstechen, oder Zwangsgedanken, die eine Gotteslästerung enthalten, oder sexuelle Zwangsgedanken wie ein Kind zu vergewaltigen. Zwangskranke leiden sehr unter diesen Zwangsgedanken, die sich ihnen gegen ihren Willen ständig aufdrängen und die ihnen zuwider sind. Da ihnen der Mechanismus der Entstehung solcher Gedanken nicht vertraut ist, befürchten sie, dass diese Gedanken etwas Schreckliches über ihre Person aussagen. ⤳ **Schamgefühle, Seite 18f.**

Auch für den Helfer kann es sehr belastend sein, wenn er von diesen Inhalten hört, insbesondere dann, wenn er zu der entsprechenden Thematik einen besonderen Bezug hat. Das könnte beispielsweise ein christlicher Helfer sein, dem gotteslästerliche Zwangsgedanken geschildert werden, oder eine Helferin, die kleine Kinder hat und der sexuelle Zwangsgedanken über Kinder berichtet werden, oder ein Helfer ausländischer Herkunft, der mit ausländerfeindlichen Zwangsgedanken konfrontiert wird. Wichtig ist es dann, sich klarzumachen, dass es sich bei den Gedanken nicht um eine persönliche Meinung des Zwangskranken handelt, sondern um persönlichkeitsfremde Zwangsgedanken. Sehr wichtig ist es auch, nicht Erschrecken über den Betroffenen zu zeigen, sondern Mitgefühl über die Belastung durch diese Zwangsgedanken zu äußern. Unter den (falschen!) Gedanken »Wer so denkt, ist ein schlechter Mensch« oder »Wer so denkt, will es unbewusst auch« leiden die Betroffenen selbst sehr, und umso schlimmer wäre es, wenn sie Ähnliches auch noch von einem professionellen Helfer vermittelt bekämen, der als Autorität ihre Befürchtungen bekräftigt.

Helfer sollten auch überlegen, wie detailliert sie sich im Rahmen der Kontakte mit dem Betroffenen mit diesen Gedanken beschäftigen müssen und wollen. ↢ **Eigene Grenzen erkennen** Therapeuten und Ko-Therapeuten beispielsweise sollten sich im Rahmen von begleiteten Konfrontationsübungen detailliert diese schrecklichen Gedanken und Bilder schildern lassen. Nur so ist die Therapie hilfreich, nur so kann der Betroffene die Erfahrung machen, dass diese Gedanken Symptom einer Krankheit und nicht Ausdruck seiner Persönlichkeit sind, und nur so können die Zwangsgedanken irgendwann verschwinden. Jeder Helfer sollte sich daher vorher überlegen, ob er solche Übungen begleiten kann und wo seine eigenen Grenzen liegen. Gegebenenfalls kann er dann zu der Entscheidung kommen, dass er bei bestimmten Zwangsgedanken nicht die richtige Person für diese Art von Expositionen ist.

Wenn eine (Ko-)Therapeutin, die vor kurzem Mutter geworden ist, keine Expositionen machen möchte, in der eine Betroffene gedanklich ein Baby mit dem Messer ersticht, so ist das völlig legitim. Sie sollte nur möglichst vorher zu dieser Entscheidung kommen, nicht während der begleiteten Exposition, weil Betroffene die Belastung des Ko-Therapeuten leicht auf ihre eigene Person zurückführen, nicht auf die Zwangsgedanken. (»Sie findet auch, dass ich ein entsetzlicher Mensch bin« statt: »Sie findet diese Zwangsgedanken entsetzlich«.) Ist Ihnen bewusst, dass Sie mit einer bestimmten Thematik Schwierigkeiten haben, können Sie die Betroffenen an jemand anderes verweisen oder mit jemandem aus dem Team eine Arbeitsteilung vereinbaren.

Wie oft und wie lang darf man duschen?
Streit um Normen und Werte

Im vorherigen Abschnitt wurde bereits deutlich, welche wichtige Rolle das Thema Normen und Werte bei Zwangserkrankungen spielt. Zu lebhaften Diskussionen oder sogar zum Streit kann es schnell kommen, wenn unterschiedliche Vorstellungen aufeinandertreffen, sei es zwischen verschiedenen Helfern, sei es zwischen Betroffenen und Helfern. Häufig entzünden sich Meinungsverschiedenheiten erstmalig bei der Erarbeitung der Therapieziele, die zu finden nur auf den ersten Blick ganz einfach erscheint.

BEISPIEL → Im Stationszimmer einer Verhaltenstherapiestation geht es hoch her: Das Team diskutiert die Therapieziele von Herrn Schmitt, einem Zwangspatienten mit Waschzwängen. Wie lange darf Herr Schmitt duschen, ist die zentrale Frage. Herr Schmitt leidet schon so viele Jahre unter Zwängen, dass er nicht mehr weiß, wie lange man eigentlich normalerweise duscht. Daher wollte er diese Frage von seinem Therapeuten beantwortet haben, der diese Frage an das Team weitergab. »Natürlich duscht man jeden Tag, das ist ja wohl selbstverständlich. Und wenn ich abends joggen war, dusche ich auch zweimal«, sagt der Stationsarzt. Die andere Ärztin der Station, die mit einem Hautarzt verheiratet ist, entgegnet: »Unsinn, damit machst du dir doch deine Haut kaputt. Man soll höchstens jeden zweiten Tag duschen.« »Jeden zweiten Tag – das ist zu selten. Da würde ich mich nicht sauber fühlen. Ich dusche jeden Morgen, und zwar 20 Minuten«, so die Stationspsychologin. »Du hast wohl selber einen Zwang. Fünf Minuten reichen doch völlig. Und für die Umwelt ist das auch besser«, antwortet einer der Pfleger. Schwester Lieselotte schweigt verschämt und hofft, dass sie nicht nach ihrem Duschen gefragt wird. Sie kennt es noch aus ihrer Kindheit, dass die gesamte Familie einmal die Woche badet. Sie selbst duscht zweimal die Woche und findet das im Vergleich zu früher sehr luxuriös und völlig ausreichend. Sie will aber im Team nicht als Dreckspatz gelten.

Was soll der Therapeut denn nun seinem Patienten sagen? Auf einem allgemeinen Niveau sind sich Herr Schmitt und das Team zwar einig, dass sich Herr Schmitt von seinen Waschzwängen befreien will, sobald es aber um die Frage geht, was das denn nun konkret bedeutet, beginnt die Diskussion.

Dazu noch ein paar weitere Beispiele: Eine Mutter, die unter Zwangsgedanken leidet, dass ihr Sohn durch Umweltgifte verseucht werden könnte, möchte für zigtausend Euro die Nachtspeicherheizung in ihrer Wohnung gegen eine Gasheizung austauschen aus Angst vor Elektrosmog. Soll sie oder soll sie nicht? Ein Mann mit Wasch- und Reinigungszwängen möchte die Gemeinschaftstoilette der Station, auf der er in Behandlung ist, vor Benutzung desinfizieren, nachdem er gesehen hat, wie schnell das Personal mit der Reinigung fertig ist. Darf er oder darf er nicht? Eine Frau mit Zwangsgedanken, die sich auf die Vergiftung durch Umweltgifte beziehen, möchte nicht die Klinikmahlzeiten zu sich nehmen, weil sie Befürchtungen hat, dass das Essen aus der Großküche mit Insektiziden, Pestiziden, Hormonen usw. verseucht ist und sie Schaden davon nehmen könnte. Muss sie in der Klinik essen oder muss sie nicht?

Schwierig ist die Entscheidung über »vernünftige« Therapieziele auch, wenn Zwangskranke an einem Arbeitsplatz tätig sind, der bestimmte Verhaltensweisen erfordert, deren Zweckmäßigkeit bzw. Übertriebenheit außenstehende Helfer nur schwer beurteilen können: Was ist die Norm für korrekte Reinigung, wann beginnen Wasch- und Reinigungszwänge bei einer medizinisch-technischen Assistentin in einem Labor, in dem mit giftigen Substanzen gearbeitet wird? Oder: Wie oft sollen im Krankenhaus für Patienten bereitgestellte Medikamente überprüft werden? Was ist vernünftiges Kontrollverhalten bei einer Krankenschwester, die mit dieser Aufgabe betraut ist, wo muss man von Kontrollzwang sprechen?

Im Idealfall hat der Zwangskranke sein Gefühl für »gesunde« Normen und Werte nicht verloren, z. B. weil er noch nicht so lange an Zwängen leidet. Dann kann er sich einfach an seinem früheren Verhalten orientieren.

Und wenn dann diese Normen und Werte auch noch weitgehend mit denen des Therapeuten übereinstimmen, so dürften keine Schwierigkeiten zu erwarten sein.

Sehr häufig kommen jedoch Zwangskranke, die an ihrer Symptomatik etwas verändern wollen, mit dem mehr oder weniger deutlich ausgesprochenen Anliegen, von einem »Experten« wissen zu wollen, was denn nun das »richtige« Verhalten ist. Es liegt eine gewisse, nur zu menschliche Verführung darin, als Experte eine Antwort zu geben. Wer ist nicht gern Experte, vor allem wenn er dem Gegenüber damit so gut helfen kann? ⟵ **Experte für Werte?**

Probleme entstehen vor allem dann, wenn ein überzeugter Helfer auf einen unsicheren Zwangskranken trifft. Der Betroffene fragt: Was ist richtig?, und der Helfer gibt gern vor, was richtig ist (d. h., was er für richtig hält). Dem Betroffenen kann es dann wie Schwester Lieselotte gehen, die weiter zweimal die Woche duscht, dies aber nicht offen äußern mag: Er stimmt dem Therapeuten zu, verfolgt die Ziele aber nicht wirklich, weil er eigentlich andere Normen und Werte hat. ⤳ **versteckte Ambivalenzen, Seite 100 ff.**

Probleme können auch dann entstehen, wenn ein überzeugter Helfer auf einen sehr selbstsicheren Zwangskranken trifft. Fruchtlose Diskussionen können die Folge sein, in denen der Zwangskranke begründet, warum eine Handlung sinnvoll ist, und der Helfer dagegenhält, dass es sich um einen Zwang handelt. Und jeder hat gute Argumente!

Um diese Schwierigkeiten gar nicht erst auftreten zu lassen, ist es wichtig, sich dieser Neigung, Experte sein zu wollen, bewusst zu sein und stattdessen eine andere Grundhaltung einzunehmen, sich nämlich nicht als Experte, sondern als Berater zu verstehen, der den Betroffenen darin unterstützt, seine eigenen Ziele herauszufinden.

MERKE ⤳ **Sie als Helfer können den Zwangskranken bei der Zielfindung beraten, der Zwangskranke sollte aber unbedingt selbst entscheiden, was für ihn richtig ist.**

Voraussetzung ist natürlich, dass der Helfer selbst das Subjektive seiner eigenen Werte reflektiert hat. Dazu gehört dementsprechend auch, dem Betroffenen zu verdeutlichen, dass es nicht eine Norm, sondern ein ganzes Spektrum von Normen gibt, die individuell sehr unterschiedlich sein können. Übergänge zu pathologischem Verhalten sind fließend, wie die Abbildung 11 am Beispiel für Wasch- und Reinigungszwänge zeigt.

ABBILDUNG 11 Spektrum der Sauberkeitsnormen

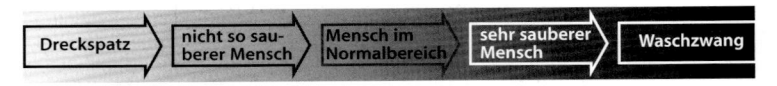

Dreckspatz	nicht so sauberer Mensch	Mensch im Normalbereich	sehr sauberer Mensch	Waschzwang

Zu bedenken ist außerdem, auch wenn es banal klingen mag, dass nicht alles, was ein Zwangskranker äußert, automatisch »Zwang« ist, wenn es von den eigenen Normen abweicht. Zu berücksichtigen ist ebenso, dass Zwangskranke, auch wenn ihnen das Wissen um angemessene Standards verloren gegangen ist, meistens in ihrem Gebiet sehr viel mehr Kenntnisse haben als ein Helfer. Oder wie viele Kolleginnen und Kollegen kennen Sie, die fundiertes Wissen über Elektrosmog haben? Welcher Therapeut weiß, wie das richtige Wasch- und Reinigungsverhalten in Laboren ist? Und welcher Mitarbeiter, der mittags in die Kantine geht, hat nicht schon manchmal mit Blick auf das Essen geseufzt und gedacht, er wolle lieber gar nicht so genau wissen, was da alles im Essen ist?

Orientierungshilfen

Wie können Sie den Zwangskranken jedoch konkret bei der Zielfindung unterstützen? Am besten ist es natürlich, wie gesagt, wenn der Betroffene selbst weiß, was adäquat ist und was nicht, und diese Standards Ihrer Meinung nach vernünftig klingen. Häufig jedoch ist Betroffenen dieses Wissen verloren gegangen, und sie brauchen Orientierungshilfen. Wenn der Erkrankungsbeginn nicht zu lange zurückliegt, ist es eine hilfreiche Anregung, darüber nachzudenken, wie es war, als der Betroffene noch keine Zwänge hatte. Was war da für ihn normal? Was war da für ihn richtig? Dabei sollten sich Helfer und Betroffener möglichst konkrete Gedanken über möglichst viele Situationen machen, um das alte Wissen wieder zugänglich zu machen. »Wie haben Sie sich verhalten, als ...?«, »Was haben Sie früher in dieser Situation gemacht?«, könnten anregende Fragen sein.

Anderen Zwangskranken hilft dieser Denkanstoß nicht. Die Mutter mit dem Elektrosmog meinte z. B., die Zwänge hätten sich allmählich nach der Geburt ihres Sohnes entwickelt. Ihre Umgangsweise vorher könne sie nicht als Maßstab nehmen, da sie sich um sich selbst viel weniger Sorgen mache als um ihren Sohn, Kinder seien ja viel empfindlicher als Erwachsene. Dieser Betroffenen half die Idee ihrer Ko-Therapeutin, sich eine Person mit Kindern in ihrer Umgebung zu suchen, die ihrer Meinung nach einen verantwortungsvollen und nicht übertriebenen Umgang mit Elektrosmog hat. Der Betroffenen fiel sofort eine gute Freundin ein. Sie überlegte sich dann häufig: »Was würde diese Freundin jetzt wohl machen?«, und beantwortete sich diese Frage dann selbst.

Wichtig ist, dass Zwangskranke eine Möglichkeit finden, für sich ein gesundes Verhalten festzulegen, die unabhängig von der Anwesenheit anderer Leute funktioniert. Ungünstig ist es, immer eine andere Person fragen zu müssen, da dies eine starke Abhängigkeit von anderen mit sich bringt. Natürlich kommt es trotz intensiver Beratung vor, dass Zwangskranke sich für Therapieziele entscheiden, die Ihrer Meinung nach »zu viel Zwang« enthalten. Was dann?

BEISPIEL → Eine Patientin mit Wasch- und Reinigungszwängen nimmt sich nach ausführlicher Diskussion mit ihrem Therapeuten über das Thema Normen vor, morgens fünfzehn statt 90 Minuten zu duschen. Im Laufe des Vormittags hat sie ein Gespräch mit einer Krankenschwester, die wissen will, wie es ihr mit der Übung ergangen ist: »Ach wissen Sie«, sagt die Patientin, »ich glaube, ich gehöre zu den Leuten, die einfach gerne 60 Minuten duschen.«

Die meisten Menschen sind der Meinung, dass 60 Minuten duschen zu lang ist. Nun könnte es tatsächlich sein, dass diese Patientin zu den Personen gehört, die einfach gern lange duschen. Viel wahrscheinlicher ist es aber, dass sie sich etwas vormacht und Zwangssymptome als »Geschmackssache« umdefiniert. Trifft Letzteres zu, so besteht ein hohes Risiko, Therapiefortschritte schnell wieder zu verlieren, wenn kein Helfer mehr da ist. Die Krankenschwester besprach diese Gedanken mit der Patientin und wies sie auf die Risiken dieser Einstellung hin. Die Patientin überlegte sich daraufhin die Argumente für und gegen 60 Minuten duschen und entschied sich, doch lieber kürzer zu duschen. Haben Sie also Bedenken, dass die gewählten Ziele »zu viel Zwang« enthalten, so sollten Sie diese äußern. Das letzte Wort hat aber der Betroffene.

Gleichwohl müssen und können Sie nicht ⟵ **Institutionelle Vorgaben** jede Zielsetzung akzeptieren. So gibt es auch Vorgaben seitens der Institution, die man berücksichtigen muss. Wenn die Patientin oben z. B. auf dem Ziel von 85 Minuten bestehen würde, so wäre das kein adäquates Ziel für eine zeit- und kostenintensive stationäre Behandlung. Außerdem würde dieses Verhalten vermutlich zu Konflikten mit den anderen Patienten auf Station führen, wenn das Bad so lange belegt wäre. ⟶ **Zwänge, die den Rahmen sprengen, Seite 105 ff.**

Also müsste der Therapeut sagen: »Gerne, aber dann ist ein stationärer Aufenthalt nicht das Richtige für Sie«, und einen geeigneteren Rahmen vorschlagen. Die Situation wäre eine andere, wenn die Betroffene schon seit zwanzig Jahren an Zwängen leidet, im betreuten Wohnen lebt und die Anforderungen einer stationären Verhaltenstherapie sie überfordern würden. Eine Vereinbarung mit dem für sie zuständigen Sozialarbeiter, das Duschen um fünf Minuten zu reduzieren, könnte hier ein sinnvoller Schritt sein, dem vielleicht später weitere folgen können.

Wasch mich, aber mach mich nicht nass: Das Problem der Ambivalenz

BEISPIEL → Frau Zaun kommt in die ambulante Verhaltenstherapie und berichtet von einem ausgeprägten Ordnungs- und Kontrollzwang. Sie verbringt sehr viel Zeit damit, Ordnung in Schubladen, Schränken und auf Regalen herzustellen, danach kontrolliert sie, ob alles richtig geordnet ist. Besuch lässt sie seit Jahren schon nicht mehr in die Wohnung, da dieser alles durcheinanderbringt. Außerdem überprüft sie wiederholte Male, ob der Wasserhahn zu ist, elektrische Geräte ausgestellt sind und das Licht aus ist. Seit einiger Zeit hat sie zusätzlich ein Zählritual entwickelt. Sie zählt beim Kontrollieren leise vor sich hin, sagt zuerst die Zahl 4 und zählt dann von 1 bis 12. Eine besondere Bedeutung haben die Zahlen für sie nicht. In einem gemeinsamen Gespräch mit dem Partner erzählt dieser, dass ihn vor allem die Ordnungszwänge sehr stören würden, da er sich nicht mehr frei in der Wohnung bewegen könne und seine Partnerin immer hinter ihm herordnen würde. Außerdem sei kaum noch Zeit für gemeinsame Aktivitäten, da Frau Zaun immer mehr mit dem Herstellen von Ordnung beschäftigt sei.

Im weiteren Verlauf bespricht der Therapeut mit Frau Zaun das Erklärungsmodell und erklärt ihr das therapeutische Vorgehen und das dahinterliegende Konzept. Alles leuchtet ihr sehr ein. Als der Therapeut jedoch konkrete Übungen in den verschiedenen Bereichen mit Frau Zaun besprechen möchte und in diesem Rahmen einen Hausbesuch vorschlägt, ist diese ganz entrüstet: Das Ordnen und Kontrollieren sei überhaupt nicht störend, sie sei schon immer ein sehr ordentlicher Mensch gewesen! Nur das Zählen störe sie, da sie vom Kopf her wisse, dass dieses unsinnig sei. Und in die Wohnung müsse der Therapeut dafür nun wirklich nicht! Das könne man auch alles so besprechen. Der Therapeut entscheidet sich, zunächst mit Frau Zaun Übungen für die Bereiche zu entwickeln, die sie selbst als problematisch sieht (Zählen). Er hofft, Frau Zaun auch für weitergehende Übungen motivieren zu können, wenn sie erste Erfolge erlebt und sich die therapeutische Beziehung noch vertieft hat. Sollte Frau Zaun dann aber weiterhin bei ihrer ablehnenden Haltung bleiben, müsste er akzeptieren, dass das in dieser Therapie Erreichbare unter dem liegt, was er sich für Frau Zaun gewünscht hat.

So ausgeprägt wie bei Frau Zaun ist die Ambivalenz eher selten, wenn jemand eine Therapie aufsucht, aber in weniger starkem Ausmaß ist dieses Problem sicher vielen Helfern bekannt. Meistens tritt diese Ambivalenz spätestens dann auf, wenn die Therapieplanung konkret wird und die ersten Übungen besprochen und durchgeführt werden.

Versteckte Ambivalenzen

Neben Betroffenen wie Frau Zaun, die ihre Ablehnung, in bestimmten Bereichen etwas zu ändern, deutlich äußert, gibt es allerdings sehr häufig Betroffene, die ihre Ambivalenz nicht offen ansprechen. Sie stimmen dem Therapeuten zu, halten sich aber nicht an die Absprachen, sondern geben dem Zwang nach. Der Helfer bespricht mit dem Betroffenen dann Probleme in der Umsetzung, stellt aber die aus seiner Sicht gemeinsam erarbeiteten Übungen nicht in Frage und fühlt sich auch vom Betroffenen in dieser Einstellung bestärkt. Es kann sich so allmählich eine Interaktion einstellen wie bei Eltern mit ihrem Grundschulkind, das keine Lust hat, Schularbeiten zu machen. Die Eltern drängen und kontrollieren, das Kind passt sich an, wenn die Eltern im Raum sind, sieht aber träumend aus dem Fenster, wenn die Eltern den Raum verlassen.

Was aber bei jüngeren Kindern noch ein normales Elternverhalten sein mag, ist für professionelle Helfer keinesfalls mehr passend und außerdem für beide Beteiligten mühsam und anstrengend. Im ungünstigsten Fall kommt der Helfer irgendwann zu der Meinung, dass Zwangskranke anstrengend und nicht therapierbar sind.

Treten solche Probleme während der Behandlung auf, so empfiehlt sich eine Analyse möglicher Ursachen. Zunächst ist natürlich daran zu denken, dass die ersten Schritte häufig schwierig für die Patienten sind und mit »Übungsfehlern« zu rechnen ist. Diese können in der Nachbesprechung und gegebenenfalls auch durch eine begleitete Exposition erkannt und berichtigt werden. Wichtig ist, dem Patienten dabei zu vermitteln, dass »Übungsfehler« normal sind und wertvolle Hinweise für die weitere Therapie liefern. Auch falsche Erwartungen können an dieser Stelle geklärt werden.

BEISPIEL → Eine Patientin glaubt, dass die Therapie ihr nicht hilft, weil sie nach mehr als zehn Expositionen immer noch sehr unter unangenehmen Gefühlen leidet. Wie sich in der Übungsnachbesprechung mit ihre Ko-Therapeutin aus der Pflege herausstellt, hat sie erwartet, dass sich schon ab der zweiten Exposition keine unangenehmen Gefühle mehr einstellen. Eine kurze Information der Krankenschwester hilft ihr, mit neuer Motivation weitere Übungen durchzuführen und dann auch deutliche Besserung zu spüren.

Wenn Sie als Helfer jedoch zu dem Schluss kommen, dass es sich nicht um Anfangsschwierigkeiten, sondern um ein Problem der Ambivalenz handelt, so ist eine weitere Analyse notwendig. Ambivalenz bedeutet ja, dass im Betroffenen zwei Seiten miteinander im Streit liegen, die eine Seite spricht für das Gesundwerden, die andere Seite spricht für den Zwang. Gemeinsam mit dem Betroffenen sind dann die Argumente beider Seiten zu ergründen, um die Ambivalenz zu verstehen und dem Betroffenen zu einer Entscheidung für eine dieser beiden Seiten zu verhelfen.

Diese Analyse kann ergeben, dass konkrete Therapieziele nochmals überarbeitet werden müssen. Dies ist insbesondere der Fall, wenn sehr unsichere Patienten sich nicht trauen, ihrem (Ko-)Therapeuten gegenüber, den sie als Autorität ansehen, eine abweichende Meinung zu vertreten. Auch wenn (Ko-)Therapeuten sehr darauf achten, gemeinsam Therapieziele zu erarbeiten, und immer wieder nachfragen, ob Patienten mit dem gewählten Vorgehen einverstanden sind, sollte in Betracht gezogen werden, dass sehr unsichere Menschen sich trotzdem nicht trauen, ihre Meinung zu äußern aus Angst, den (Ko-)Therapeuten zu verärgern. Deshalb ist es wichtig, Patienten nicht nur immer wieder Entscheidungsmöglichkeiten zu bieten, sondern ihnen zu signalisieren, dass ihre Entscheidungen akzeptiert werden.

Eine weitere Ursache kann in der Unzufriedenheit mit der Vorgehensweise liegen. EMMELKAMP und VAN OPPEN (2000) schildern ein Beispiel einer Patientin, die sehr kooperativ in der Übungsplanung war, aber dauernd unbewusst ihre Expositionen sabotierte. Es stellte sich schließlich heraus, dass sie diese Lösung für ihre Probleme für zu einfach hielt. Sie litt bereits seit acht Jahren unter ihren Zwängen – wie konnte sie diese mit ein paar so simplen Übungen loswerden?!

Manchmal stellt sich bei der Analyse auch heraus, dass der Betroffene Zweifel am vorgeschlagenen Weg hat, diese aber nicht ansprechen mag.

BEISPIEL → Ein Pharmaziestudent mit aggressiven Zwangsgedanken, die ausländerfeindliche Inhalte enthielten, beginnt auf Anraten seines Hausarztes eine stationäre Verhaltenstherapie. Bei den Expositionen kann sich der Therapeut des Eindrucks nicht erwehren, dass diese nur halbherzig durchgeführt werden. Als er diesen Eindruck formuliert, reagiert der Betroffene ganz erleichtert und sagt, dass er Zweifel hat, ob er die Mühen einer Verhaltenstherapie wirklich auf sich nehmen muss, wenn Medikamente allein doch auch sehr gut helfen sollen. Nach einem längeren Gespräch über diese Zweifel sowie Vor- und Nachteile beider Methoden (Medikamente ohne Verhaltenstherapie oder die Kombination von beidem) entscheidet sich der Student, zunächst einen ambulanten medikamentösen Behandlungsversuch zu unternehmen und, wenn dieser nicht die erhofften Ergebnisse zeigt, eine Verhaltenstherapie zu beginnen. Das Team wünscht dem Studenten alles Gute für seinen Weg und gibt ihm gleichzeitig das Gefühl, auf der Station wieder willkommen zu sein, sollte er doch irgendwann in der Zukunft eine Verhaltenstherapie machen wollen.

Andere Patienten haben Zweifel, ob eine Verhaltenstherapie das geeignete Verfahren für ihre Beschwerden ist, und fragen sich, ob ein tiefenpsychologischer Ansatz nicht das sinnvollere Vorgehen sei. Hier würde man eine Reduktion der Zwangssymptomatik durch die Bearbeitung der zugrunde liegenden Problembereiche erwarten, während Symptomtechniken keine Rolle spielen. Auch hier ist ein informierendes Gespräch über die verschiedenen Ansätze, ihre Möglichkeiten und Grenzen zu führen. Da sich viele Verhaltenstherapeuten in ihrem Verfahren deutlich besser auskennen als in dem anderen Verfahren, sollten sie die Betroffenen auch auf die Möglichkeit hinweisen, sich zusätzlich bei einem Tiefenpsychologen zu informieren.

Liegt es nicht an den Therapiezielen und nicht an den Methoden, so ist daran zu denken, dass wichtige aufrechterhaltende Bedingungen noch nicht erkannt wurden.

BEISPIEL → Eine Abiturientin mit einer Zwangserkrankung, die sehr hohe Ansprüche an sich selbst stellt, kann gut von einer stationären Verhaltenstherapie und einer begleitenden Medikation profitieren. Im letzten Drittel der Therapie nehmen jedoch ihre Zwänge wieder zu. Außerdem kann sie sich nicht mehr so recht aufraffen, ihre geplanten Übungen durchzuführen, sondern müht sich halbherzig ab. Eine gemeinsame Analyse mit ihrer Therapeutin ergibt, dass eine vor kurzem eingetroffene Zusage für einen Studienplatz große Ängste vor Versagen wachgerufen hatte, die ihr in diesem Ausmaß gar nicht deutlich waren. Bewusst sagte sie sich, sie könne erst studieren, wenn sie die Zwänge bewältigt hätte, unbewusst »schützte« sie der Zwang vor dem befürchteten Versagen. Die Therapeutin und die Patientin vereinbaren nun, dass die Gesprächszeit für die Bearbeitung dieser Versagensängste genutzt werden soll. Die Ko-Therapeutin aus der Pflege hilft der Abiturientin zu planen, wie sie ihre Übungen gegen die Zwänge nicht nur nach der Entlassung in ihren Alltag integrieren, sondern auch mit den Anforderungen des Studiums vereinbaren kann.

Neben diesen Faktoren gibt es noch zahlreiche weitere Faktoren, die nicht spezifisch für Zwangserkrankungen sind, die Therapeuten aber natürlich immer mit bedenken müssen, beispielsweise Schwierigkeiten in der therapeutischen Beziehung.

Schließlich und endlich führen das Verstehen der Ambivalenz und die Bearbeitung der zugrunde liegenden Argumente nicht immer dazu, dass sich der Betroffene für die gesunde Seite entscheidet! Wer die Entscheidung beim Betroffenen belässt – und das ist wünschenswert, nicht nur aus Respekt vor dem Gegenüber, sondern auch, weil nur so Ambivalenzen aufgelöst werden können –, muss auch damit leben, wenn die Entscheidung nicht dem entspricht, was der Helfer sich für den Betroffenen wünschen würde.

BEISPIEL → Eine 44-jährige Sekretärin, Frau Kuhn, begibt sich in stationäre Behandlung aufgrund von ausgeprägten Befürchtungen, mit Asbest in Kontakt zu kommen und damit zu riskieren, später qualvoll an einer »Asbestlunge« zu sterben. Aus Angst vor Asbest war sie kaum noch aus der Wohnung gegangen, ihren Beruf konnte sie schon länger nicht mehr ausüben. Musste sie doch aus der Wohnung, so führte sie nach dem Nachhausekommen stundenlange Wasch- und Reinigungsrituale durch. Aufgrund der Einschränkungen durch die Erkrankung war sie außerdem depressiv geworden.

Nach gemeinsamer Absprache wird Frau Kuhn zunächst auf eine entsprechende Medikation eingestellt, um dann mit einer Verhaltenstherapie zu beginnen. Trotz großer und ausdauernder Bemühungen aller Beteiligten kann sie ihre Zwangshandlungen und ihr Vermeidungsverhalten kaum reduzieren. Eine genauere Analyse ergibt, dass für Frau Kuhn das Risiko, sich mit Asbest zu kontaminieren, zu real und zu hoch ist, als dass sie auf ihr Vermeidungsverhalten und ihre Zwangshandlungen verzichten kann. An dieser Entscheidung ändert auch eine gezielte Arbeit an den zugrunde liegenden Bewertungen nichts. Letztendlich entscheidet sich Frau Kuhn, dass sie ihre Zwangshandlungen und ihr Vermeidungsverhalten in Kauf nimmt, um sich sicherer zu fühlen. Die Therapeutin und die Ko-Therapeutin respektieren diese Entscheidung, wenn auch schweren Herzens. Beiden hilft der Gedanke, dass sie selbst sich auch nicht mit etwas konfrontieren wollen würden, das ihnen als zu gefährlich erscheint – auch wenn andere sagen, es sei ungefährlich.

Wenn Zwänge den Rahmen sprengen

BEISPIEL → Schwester Marie ist im Stress: Zum dritten Mal innerhalb der letzten Stunde beschwert sich eine Patientin bei ihr, dass Frau Lange, eine Zwangskranke mit ausgeprägten Waschzwängen, seit Stunden das Bad blockiert. Die Mitpatientin will, dass Schwester Marie dafür sorgt, dass das Bad endlich frei wird. Schwester Marie selbst fühlt sich hilflos, sie hat bereits mehrfach an die Badezimmertür geklopft und Frau Lange gebeten, das Bad frei zu geben. Frau Lange kam dadurch nur noch mehr unter Druck und musste weiter duschen.

Bei Zwangserkrankungen sind Helfer gar nicht so selten mit diesem oder ähnlichen Problemen konfrontiert, dass die Symptome in einer Art oder Stärke ausgeprägt sind, dass sie an die Grenzen des Möglichen in einer Institution führen. Je nach den Rahmenbedingungen können die Probleme natürlich unterschiedlich aussehen. Wenn Sie auf einer Station arbeiten, auf welcher jeder Patient sein eigenes Bad hat, wird sich das Problem bei Ihnen so nicht stellen. Je mehr Patienten sich allerdings ein Bad teilen müssen, desto schwieriger kann es werden, wenn jemand länger das Bad blockiert. Noch schwieriger wird es, wenn mehrere Patienten mit Waschzwängen gleichzeitig auf der Station sind.

Wie kann man mit solchen Situationen umgehen? Ungünstig ist eine Strategie, zu der manche aus Hilflosigkeit greifen, nämlich die Zwänge gegen das Einverständnis und möglicherweise unter Einsatz von Körperkraft zu beenden, beispielsweise bei Frau Lange in der Dusche das Wasser auszustellen und ihr den Zugriff zum Wasserhahn zu verwehren oder sie aus der Dusche herauszuziehen. Druck erzeugt Gegendruck, so dass eine Situation eskalieren kann. Unterlassen können die Betroffenen die Zwänge jedenfalls nicht – sie hätten es ja gern schon vorher getan. »Unterwerfen« sie sich dem Druck, ist das meist mit großer psychischer Belastung verbunden und erschüttert das Vertrauen in ihr Gegenüber oder die Institution.

Genauso ungünstig ist es, wenn die Helfer sich ⟵ **Wut und Hilflosigkeit** den Zwängen unterordnen oder sich von ihnen eingeschränkt fühlen.

BEISPIEL ⟶ Frau Witter, die in einem Wohnheim lebt, klopft nach jedem Gespräch mit der sie betreuenden Sozialarbeiterin viele, viele Mal dringlich an die Tür zum Sozialraum, auch wenn das gesamte Team dort eine Besprechung hat. Sie muss der Sozialarbeiterin immer wieder zwanghaft Nachfragen zu dem Besprochenen stellen und eine Antwort bekommen, auch wenn sie eigentlich weiß, dass ihre Fragen unsinnig sind. Die Sozialarbeiterin fühlt sich extrem gestört, insbesondere weil sie diese Störungen täglich erlebt, unabhängig davon, ob sie sich in einer Besprechung, einem Einzelgespräch mit einem anderen Klienten oder in ihrer Erholungspause befindet. Sie merkt, dass es ihr zunehmend schwerfällt, Frau Witter weiter freundlich und wertschätzend zu behandeln.

Solche Situationen können dazu führen, dass Helfer ihre professionelle Haltung nicht mehr bewahren können, weil immer wieder eigene Bedürfnisse ignoriert und für sie wichtige Regeln verletzt werden. Sie fühlen sich wütend und hilflos, bekommen den Eindruck, dass sie immer wieder einen Machtkampf mit dem Betroffenen verlieren, und ärgern sich darüber. In der Folge fangen sie an, gereizt bis aggressiv auf den Betroffenen zu reagieren. Gleichzeitig beginnen sie vielleicht, an ihrer Kompetenz zu zweifeln und den Spaß an ihrer Arbeit zu verlieren.

Insgesamt ist festzustellen, dass es keine Patentlösungen für diese schwierigen Situationen gibt. Die folgenden Empfehlungen können jedoch dazu beitragen, dass solche Situationen seltener auftreten und nicht so eskalieren.

Wenn die Betroffene Ihnen von ihren Zwängen erzählt und Sie schon ahnen, dass es möglicherweise Probleme geben könnte, sprechen Sie diese am besten gleich an. Erwähnen Sie dabei auch Ihre Rahmenbedingungen: »Frau Witter, Sie haben mir erzählt, dass Sie einen ›Nachfragezwang‹ haben. Meinen Sie, das könnte hier auch zum Problem werden? Ich werde ja nach meinen Gesprächen mit Ihnen öfter andere Besprechungen haben, und wenn Sie dann klopfen, fehlt die Zeit den anderen Klienten. Haben Sie eine Idee, wie wir das Problem lösen können? Was können Sie tun? Was kann ich tun?« Im Vorfeld Lösungen zu finden hilft, dass sich die beschriebenen negativen Emotionen gar nicht erst in Ihnen ansammeln.

MERKE → **Wenn irgend möglich, sollte vorher gemeinsam mit dem Betroffenen überlegt werden, ob schwierige Situationen auftreten könnten und wie man mit ihnen umgehen kann.**

Wenn eine schwierige Situation eintritt, ist es meist günstiger, diese so abzuwickeln, dass keine aggressiven Eskalationen entstehen, d. h., lassen Sie lieber den Zwangskranken in Ruhe seine Zwänge durchführen und überlegen Sie dann hinterher gemeinsam, wie man die Situation das nächste Mal besser bewältigen kann. Beispielsweise könnte Schwester Marie bei den Mitpatienten um Verständnis für Frau Lange bitten und darauf hinweisen, dass man sich später gemeinsam eine bessere Lösung überlegen wird.

Ideal wäre es, wenn diese Alternative dann auch funktioniert, aber natürlich kommt es auch vor, dass Zwänge wiederholt den Rahmen sprengen, Absprachen nicht helfen und sich in Ihnen ein gewisser Ärger ansammelt. Wenn Sie merken, dass es Ihnen immer schwererfällt, Ihre professionelle Haltung zu bewahren, versuchen Sie zunächst, diese wiederzugewinnen, indem Sie sich vergegenwärtigen, dass die Betroffenen unter ihrer Erkrankung leiden und kein alternatives Verhalten zeigen können, selbst wenn sie es gern möchten. Dabei kann es helfen, sich einmal in die

Betroffenen hineinzuversetzen, beispielsweise sich vorzustellen, wie unangenehm es einem selbst wäre, wenn man wie Frau Witter immer wieder an die Tür klopfen muss, wohl wissend, dass die Frage, die man stellt, unnötig ist, und wohl spürend, wie sehr man der Sozialarbeiterin, die man schätzt, auf die Nerven geht.

Nehmen Sie gleichzeitig Ihre negativen Gefühle ernst und haben Sie Verständnis für sich selbst! Die Arbeit mit Zwangskranken kann sehr anstrengend sein – dass einem mal (innerlich oder äußerlich) der Kragen platzt, ist nur menschlich. Nehmen Sie Ihre negativen Gefühle als Signal, dass sich dringend etwas verändern muss. Denken Sie auch daran, dass Sie dem Betroffenen letztendlich keinen Gefallen tun, wenn Sie auf seine Zwänge eingehen. Kurzfristig erscheint das Nachgeben hilfreich, aber längerfristig werden die Zwänge dadurch stärker – und Ihr Ärger auch. Überlegen Sie sich, wie für Sie eine Lösung aussehen könnte und welche Abweichungen Sie tolerieren würden.

Der Sozialarbeiterin beispielsweise wäre es am liebsten, wenn Frau Witter ihr nach einem Gespräch gar keine Fragen mehr stellen würde. Sie ist aber bereit, als Zugeständnis an den Zwang drei Fragen innerhalb der nächsten halben Stunde nach einem Gespräch zu tolerieren. Auf keinen Fall mehr will sie die unzähligen Fragen akzeptieren. Dann trifft sie sich mit Frau Witter zu einem Gespräch, schildert ihr die Problematik und ihre Überlegungen, wie eine Lösung aussehen könnte: »Frau Witter, ich möchte mit Ihnen darüber sprechen, wie wir anders als bisher mit Ihrem Fragezwang umgehen können. Ich weiß, dass Sie die vielen Fragen nicht mit böser Absicht, sondern aufgrund Ihres Zwangs stellen. Bis jetzt habe ich Ihnen die Fragen immer beantwortet. Aber sie sind immer mehr geworden, und mittlerweile stören sie mich so sehr in meiner Arbeit und auch bei meiner Erholung, dass wir eine andere Lösung finden müssen. Außerdem möchte ich nicht mehr Ihren Zwang unterstützen, der nie zufrieden ist, sondern immer mehr Fragen stellen will. Damit schade ich Ihnen, und das möchte ich nicht. Am liebsten möchte ich gar keine Frage mehr beantworten müssen, habe mir aber überlegt, dass ich es akzeptieren könnte, wenn ich Ihnen drei Fragen innerhalb einer halben Stunde nach jedem Gespräch beantworte. Was meinen Sie dazu? Können Sie das akzeptieren? Oder fällt Ihnen noch eine bessere Lösung ein?«

Dann besprechen die beiden, wie die Lösung konkret aussehen könnte. Am Ende fasst die Sozialarbeiterin die gefundene Lösung zusammen: »Ich wiederhole noch mal, was wir jetzt besprochen haben: Nach jedem Gespräch dürfen Sie noch dreimal kommen und mir eine Frage stellen. Danach gebe ich Ihnen keine Antwort mehr, sondern erinnere Sie nur an unsere Abmachung. Wenn das nicht hilft, schließe ich die Tür ab, damit ich in Ruhe arbeiten oder mich erholen kann. Ich bin froh, dass wir eine Lösung gefunden haben.«

Die Sozialarbeiterin sollte sich allerdings darauf einstellen, dass Frau Witter in der ersten Zeit wahrscheinlich große Schwierigkeiten hat, sich an die Abmachungen zu halten, weil alte »Zwangsgewohnheiten« Zeit brauchen, sich zu ändern. Umso wichtiger ist es, trotzdem bei dem neuen Verhalten zu bleiben, ab der vierten Frage keine Antwort mehr zu geben, an die Vereinbarung zu erinnern und gegebenenfalls die Tür abzuschließen. Mit der Zeit wird der Sozialarbeiterin ihr neues Verhalten leichter fallen und der Zwang wird irgendwann aufhören, mehr als drei Fragen zu stellen, wenn sie konsequent bleibt.

Eine gemeinsame Lösung oder auch ein Kompromiss ist natürlich wünschenswert. Lässt sich jedoch kein aus Sicht des Betroffenen akzeptabler Kompromiss finden, so machen Sie ihm erneut deutlich, weshalb der bisherige Weg für Sie nicht mehr akzeptabel ist, und bleiben Sie bei dem von Ihnen gewählten neuen Verhalten.

Wenn Sie in einem Team arbeiten, sollten ⟵ **Lösungen im Team suchen**
Sie den Umgang mit solchen schwierigen Situationen mit Ihren Kolleginnen und Kollegen besprechen, insbesondere wenn mehrere oder alle Teammitglieder in problematische Verhaltensweisen verwickelt sind. Wenn sich mehrere Personen austauschen, die unterschiedlich stark in-

volviert sind, können häufig gute Lösungsmöglichkeiten entwickelt werden. Diejenigen, die viel Kontakt mit dem Betroffenen haben, sehen oft stärker sein Leid, sind aber möglicherweise selbst auch belasteter, weil sie unmittelbarer mitbetroffen sind, wenn der Zwangskranke Rahmenbedingungen nicht einhalten kann. Die weniger Beteiligten können dagegen aus einer Position des größeren Abstandes wertvolle Ideen beisteuern. Auf welche Lösung das Team sich letzten Endes auch einigt, ganz entscheidend ist, dass es eine gemeinsame Haltung und eine einheitliche Vorgehensweise verabredet, die von allen vertreten und getragen wird und dem Zwang klare Grenzen setzt.

Wichtige Fragen, die zusammen durchdacht und diskutiert werden müssen, sind: Was sprengt überhaupt den Rahmen, was ist nur ungewöhnlich, aber eigentlich gut tolerierbar? Wo können wir den rahmensprengenden Symptomen des Betroffenen entgegenkommen, wo können und wollen wir unsere Regeln dehnen? Wie lange können und wollen wir unsere Regeln dehnen? Welche Fortschritte erwarten wir? Wie stellen wir diese fest? Was können wir auf keinen Fall akzeptieren?

Je nach Arbeitsumfeld und Behandlungsstand werden die Antworten unterschiedlich sein. In einer Therapie wird man am Anfang mehr Zwänge zulassen, weil der Patient ja noch keine Bewältigungsstrategien erlernt hat. Im Verlauf der Behandlung wird man die Anforderungen an den Betroffenen erhöhen und weniger Verstöße gegen die Rahmenbedingungen tolerieren. In einem nicht primär therapeutischen Umfeld wie einem Wohnheim wird man dagegen von Anfang an bestimmte Regeln festsetzen, mit denen alle Beteiligten über einen längeren Zeitraum gut leben können.

Auch wenn es günstig ist, Regeln am Anfang festzusetzen, denken Sie daran, dass Sie auch später Regeln einführen können, wenn sich (wie in dem Beispiel von Frau Witter) bestimmte Zwänge als nicht mehr tragbar erweisen. Die Umgewöhnung ist dann vielleicht für alle Beteiligten schwerer, aber trotzdem zu bewältigen.

Bitte achten Sie unbedingt darauf, dass Sie die Ergebnisse Ihrer Überlegungen auch mit dem Betroffenen besprechen, damit ihm Ihre Vorgaben und die Gründe dafür transparent und nicht als Willkür erscheinen. Zeigen Sie auch Ihr Entgegenkommen, damit er nicht den Eindruck hat, Sie wollten alles nur sanktionieren. Machen Sie deutlich, was nicht geht und was die Konsequenzen sind (beispielsweise die Beendigung der Zusammenarbeit). Dass eine Beendigung manchmal nicht zu verhindern ist, kann für alle Beteiligten schwer aushaltbar sein. Leider ist es aber so, dass es trotz der vielen Angebote und Möglichkeiten, die es für Betroffene gibt, manchmal nicht möglich ist, jemandem zu helfen. Deshalb ist es notwendig, auch die erwarteten Fortschritte zu besprechen und zu kommunizieren, woran diese wie oft gemessen werden.

Wenn es Schritte in die richtige Richtung gibt, denken Sie daran, die Leistung des Betroffenen anzuerkennen und seine Mühen wertzuschätzen! Sie können gar nicht genug loben.

BEISPIEL → Herr Hesse kommt mit einer schweren Zwangserkrankung und vielfältigen Symptomen zur stationären Aufnahme. Bereits nach kurzer Zeit ist das Team sehr belastet, weil alle wesentlich mehr als gewöhnlich in die Behandlung involviert sind. Gespräche Einzelner mit Herrn Hesse hatten keine guten Lösungsmöglichkeiten erbracht.

Herr Hesse braucht Hilfe bei allen alltäglichen Verrichtungen, da er aufgrund von Kontaminationsängsten seine rechte Hand nicht benutzen kann. Das Pflegepersonal hilft ihm bei der Nahrungsaufnahme und bei der normalen Körperhygiene, was sehr viel Zeit erfordert, die dann bei anderen Aufgaben fehlt. Ein weiteres Problem besteht darin, dass Herr Hesse das Zimmer am Ende des Termins nicht verlässt. Er verharrt in einer starren Haltung, um gedankliche Rituale abzuwickeln. Das kann sich über eine längere Zeit hinziehen.

Es stört alle (auch viele Mitpatienten), wenn Herr Hesse nur in Unterwäsche bekleidet den Tagesraum betritt, weil er aufgrund starker Wiederholungszwänge häufig das komplette Anziehen vermeidet.

Das Team überlegt nun, wie es mit den rahmensprengenden Symptomen des Betroffenen umgehen kann. Verschiedene alltäglich auftretende Probleme werden thematisiert und es wird ein einheitliches Vorgehen festgelegt. Beschlossen wird, Hilfe bei den alltäglichen Verrichtungen zu geben, diese aber nicht weiter auszudehnen. Hintergrund war, dass das Pflegepersonal festgestellt hatte, dass Herr Hesse nicht das Brot mit Butter beschmieren, aber mit Käse belegen konnte. Nach einigen Tagen wollte er aber, dass der helfende Mitarbeiter auch noch den Käse auf das Brot legte. Einige Mitarbeiter gaben nach, andere nicht. Das Team beschließt nun, zunächst weiter das Brot mit Butter zu beschmieren, aber bei dem Thema Käse freundlich zu sagen: »Herr Hesse, bitte machen Sie das, das können Sie doch.«

Dem Sozialarbeiter, den die Schwierigkeiten bei der Beendigung der Termine betreffen, hilft der Tipp eines anderen Krankenpflegers. Dieser hat die Erfahrung gemacht, dass es für Herrn Hesse hilfreich ist, wenn man Anforderungen klar, deutlich und freundlich ausspricht und gegebenenfalls wiederholt. Der Sozialarbeiter will daher zukünftig am Ende der Termine, wenn Herr Hesse nicht gehen kann, diesen freundlich, aber bestimmt auffordern, das Zimmer zu verlassen.

Das Betreten des Tagesraums in Unterwäsche will keiner akzeptieren. Man will Herrn Hesse erklären, dass diese Regel für alle auf der Station gilt und er sich daran halten muss.

Da es sich bei Herrn Hesse um sehr viele problematische Verhaltensweisen handelt, fällt es allen Teammitgliedern schwer, bestimmte Fortschritte zu verlangen. Das Team entscheidet sich schließlich für die unbestimmtere Formulierung, dass Herr Hesse allmählich besser mit den alltäglichen Anforderungen (Körperpflege, Anziehen, Nahrungsaufnahme, Einhalten von Terminen usw.) zurechtkommen und weniger Unterstützung brauchen soll. Alle wollen im Alltag darauf achten und Beispiele sammeln und sich einmal die Woche im Rahmen der Übergabe darüber austauschen.

Das Vorgehen wurde gemeinsam erarbeitet. Trotzdem wird am Ende der Besprechung explizit in die Runde gefragt, ob alle mit diesem Vorgehen einverstanden sind, es mittragen können und ob noch Fragen offen sind.

Mit dem festen Vorsatz, alle Schritte in die richtige Richtung zu loben, wann immer sie einem von ihnen auffallen und wie klein sie auch sein mögen, wird die Teambesprechung aufgelöst.

Die Psychologin und der Sozialarbeiter besprechen die Beschlüsse mit Herrn Hesse. Sie teilen ihm mit, dass das Team seine schwere Belastung sieht und auch alle wüssten, dass er viele Dinge zurzeit nicht allein bewältigen könne. Deswegen würden sie ihm die Unterstützung bei der Körperpflege und den Mahlzeiten geben und ihm in diesen Punkten entgegenkommen. Gleichzeitig wolle das Team den Zwang nicht noch zusätzlich verstärken, daher werde man zusätzlichen Forderungen des Zwanges, wie z. B. auch den Käse auf das Brot zu legen, nicht nachgeben. Ein Punkt sei noch offen, er müsse außerhalb des Zimmers komplett bekleidet sein. Mit Rücksicht auf die anderen Mitpatienten müsse das Team darauf bestehen, dass er sich an diese Regel halte, damit der Aufenthalt fortgeführt werden könne. Zum Schluss wird er noch gefragt, ob er dieses Vorgehen nachvollziehen und ihm zustimmen könne oder ob er noch Fragen, Ideen und Anmerkungen habe.

Herr Hesse versucht noch ein bisschen bei dem Käse zu verhandeln, weil Schwester Katrin das ja immer gemacht hat, aber es gelingt, ihn davon zu überzeugen, dass diese Absprache für alle gilt und von allen eingehalten werden wird.

Keine Angst vor Konflikten

Das Gespräch mit Herrn Hesse war nur der Beginn einer ganzen Reihe von Klärungsgesprächen, die in den Monaten seines Klinikaufenthaltes zu führen waren. Gerade in längeren Beziehungen zwischen Helfern und

Betroffenen treten natürlich auch Konflikte auf, die nicht unter den Teppich gekehrt, sondern bereinigt werden sollten.

BEISPIEL ⟶ Der sehr unsichere und angepasste Herr Christmann, ein Zwangskranker, der allein lebt und Betreuung im eigenen Wohnraum erhält, hatte mit dem für ihn zuständigen Sozialarbeiter und seinem ambulanten Verhaltenstherapeuten vereinbart, dass der Sozialarbeiter mit ihm Expositionsübungen planen und nachbesprechen sollte. Die Übungen selbst wollte er allein durchführen. Der Sozialarbeiter, der Herrn Christmann schon sehr lange kennt und der um seine Angepasstheit und Unsicherheit weiß, ist sehr bemüht, Herrn Christmann die Schwierigkeit der Übungen selbst bestimmen zu lassen. Fast jedes Mal in der Nachbesprechung stellt sich jedoch heraus, dass Herr Christmann die vereinbarte Übung nicht durchgeführt hat, weil sie für ihn doch zu schwer war. Er hat sich bloß vorher nicht getraut, eine leichtere Übung zu wählen, weil er befürchtet, den Sozialarbeiter zu enttäuschen. Irgendwann platzt diesem der Kragen, und wütend erklärt er Herrn Christmann, wie schwierig für ihn die Zusammenarbeit sei, weil er nie wüsste, woran er bei Herrn Christmann sei. Im weiteren Verlauf des Gesprächs zeigt Herr Christmann Verständnis für die Seite des Sozialarbeiters, kann diesem aber gleichzeitig auch deutlich machen, wie sehr er immer noch Angst hat, ihn, den Sozialarbeiter, zu enttäuschen. Beide sind am Ende froh, dass sie darüber gesprochen haben. Herrn Christmann fällt es nun leichter, sich kleinere Übungen vorzunehmen, und er kann die Erfahrung zu machen, dass der Sozialarbeiter nicht enttäuscht, sondern erfreut ist, wenn er seine eigene Meinung vertritt. Und der Sozialarbeiter reagiert verständnisvoller, wenn Herr Christmann immer mal wieder in alte Muster verfällt.

MERKE ⟶ **Eine tragfähige Beziehung hält Konflikte aus.**

Es ist ermutigend, wenn Betroffene die Erfahrung machen, dass ein Streit nicht das Ende einer Beziehung bedeutet, sondern – konstruktiv geführt – sogar zu einer Verbesserung der Situation beitragen kann. Wertvoll ist außerdem für viele Betroffene, dass der Helfer auch bei Misserfolgen und in Zeiten scheinbaren Stillstandes seine Zuversicht nicht verliert und Ermutigung gibt, wenn etwas nicht wie gewünscht geklappt hat. Eine Patientin drückte es einmal am Ende ihrer Therapie folgendermaßen aus: »Vielen Dank, dass Sie immer an mich geglaubt haben! Auch in der Zeit, als es so schwierig war.«

Stabilisieren der Erfolge und Rückfallprophylaxe

Obwohl die meisten Zwangskranken sehr gut von einer Verhaltenstherapie (ausschließlich oder in Kombination mit einer Medikation) profitieren können, sind viele am Ende der Therapie (noch) nicht symptomfrei. Außerdem kommt es leider gar nicht so selten vor, dass Betroffene nach einiger Zeit Rückfälle erleiden und gleiche oder andere Zwangssymptome auftreten. Dies betrifft insbesondere stationäre oder tagesklinische Behandlungen, in welchen Zwangskranke in verhältnismäßig kurzer Zeit große Fortschritte hinsichtlich der Zwänge erreicht haben.

BEISPIEL ⟶ Herr Otto leidet unter unangenehmen aggressiven Zwangsgedanken, die rechtsradikale Inhalte haben. Diese Gedanken belasten ihn enorm, da sie überhaupt nicht zu seinem Selbstbild passen. Nach solchen Gedanken muss er immer die Hände waschen, was allmählich so viel Zeit des Tages einnimmt, dass er nicht mehr arbeiten kann. Er macht eine stationäre Verhaltenstherapie, von der er sehr gut profitieren kann.

Nach elf Wochen intensiver Therapie treten nur noch sehr wenige rechtsradikale Zwangsgedanken auf, die er so gut wie möglich zu ignorieren versucht. Ihm ist zwar empfohlen worden, täglich Übungen zu machen, in denen er sich diesen Gedanken stellen sollte, doch diese Übungen sind ihm zuwider, und das Ignorieren klappt auch ganz gut. Er will das Leben genießen und mit dem Thema Zwang nichts mehr zu tun haben.

Ungefähr acht Monate nach der Behandlung wird er arbeitslos, was eine große Belastung für ihn ist. Die Zwangsgedanken nehmen in kurzer Zeit deutlich zu, aber er erinnert sich nicht mehr so genau an seine

Übungen. Er beginnt wieder, sich die Hände zu waschen, kann sich nicht bewerben und ist bald wieder sehr durch die Zwangserkrankung eingeschränkt. Schließlich ruft er seinen Therapeuten an und wird erneut stationär aufgenommen.

Möglichkeiten der Stabilisierung und des Ausbaus der Erfolge sowie Rückfallprophylaxe und der Umgang mit Rückfällen bekommen mit näherrückendem Ende der Therapie eine immer größere Bedeutung. Grundsätzlich ist es sehr wichtig, dass Helfer darüber aufklären, dass ein erhöhtes Risiko für wieder »aufflackernde« Symptomatik und die Gefahr von Rückfällen bestehen. Helfer sollten auch sich selbst nicht unter Druck setzen, dass es keine Rückfälle geben darf. Viele Zwangserkrankte haben mit mehr oder weniger starken Rückfällen zu kämpfen.

MERKE → Rückfälle gehören zur Erkrankung dazu und sind kein Zeichen von persönlichem Versagen.

Viele Betroffene haben das nachvollziehbare Bedürfnis, das Thema Zwang aus ihrem Leben zu streichen, laufen dabei aber Gefahr, wie Herr Otto die Hartnäckigkeit des Zwangs zu unterschätzen. Deshalb muss individuell überlegt werden, wie viel Hilfe jemand noch wofür benötigt und wo er diese erhalten kann. Dabei ist das Behandlungssetting, aus welchem jemand kommt und in welches jemand geht, mitzubedenken. Wenn jemand beispielsweise am Ende einer intensiven und erfolgreichen stationären oder tagesklinischen Behandlung steht, so bestehen seine nächsten Schritte darin, das Erreichte unter Alltagsbedingungen mit sehr viel weniger therapeutischer Unterstützung aufrechtzuerhalten und weiter auszubauen. Hier muss insbesondere die Aufgabe, Expositionsübungen in den Alltag zu integrieren und regelmäßig durchzuführen, bewältigt werden. In einem Therapeutenteam werden diese Aufgaben häufig von den Ko-Therapeuten übernommen, die sich mit dem Betroffenen zusammensetzen und ganz konkret einen Übungsplan mit bestimmten Übungen zu festen Zeiten erarbeiten. Jemand, der sich am Ende einer ambulanten Verhaltenstherapie befindet, hat diese Aufgabe in der Regel schon gemeistert. Hier sind andere Themen wie beispielsweise die Vorbereitung auf ein Leben ohne therapeutische Unterstützung wichtig.

Damit Betroffene ihre Erfolge stabilisieren, ausbauen und mit möglichen Rückfällen besser umgehen können, ist es wichtig, dass sie während der Therapie ein Verständnis für ihre Symptomatik sowie die Entstehung und Aufrechterhaltung von Zwangserkrankungen entwickeln. Dann können sie nicht nur die therapeutische Vorgehensweise verstehen, sondern auch in Eigenregie weiterüben. → **individuelles Erklärungsmodell, Seite 41 f.**

Außerdem ist die Notwendigkeit, regelmäßig zu üben, leichter nachzuvollziehen, wenn das Wissen um die Zusammenhänge vorhanden ist. Betroffene sollten auch gelernt haben, das erworbene Krankheitsverständnis gegebenenfalls auf neu auftretende Symptomatiken zu übertragen.

Daneben können spezielle Maßnahmen den Vorsatz, regelmäßig zu üben, unterstützen. Auf Brainy, den Ko-Therapeuten am Computer, der hilft, die Zwänge zuhause zu reduzieren, wurde ja schon hingewiesen (s. S. 75).

Im Einzelfall können auch andere Ideen nützlich sein.

> **BEISPIEL** → Eine Zwangskranke, die während einer stationären Behandlung gute Fortschritte hinsichtlich ihrer Zwänge erreicht hat, ist etwas in Sorge, ob es ihr wirklich gelingt, täglich ihre Übungen zu machen. Einen ambulanten Therapieplatz hat sie zwar gefunden, kann diesen aber erst drei Monate nach der Entlassung antreten. Zur Überbrückung vereinbart sie mit ihrem stationären Therapeuten, diesem jeden Sonntag eine E-Mail zu schicken, in der sie stichwortartig ihre Übungen der vorangegangenen Woche und eine Erfolgsbeurteilung in Zahlen auflistet. Dieser regelmäßige Bericht an ihren Therapeuten ist für sie eine gute Hilfe, um ihre Vorsätze auch in die Tat umzusetzen.

Sinnvoll sind außerdem Notizen während der Therapie z. B. in Form eines Therapietagebuchs, in welchem wichtige Erkenntnisse aus den einzelnen Therapiestunden notiert werden, gewissermaßen als »Tipps für später«, oder ein Übungstagebuch, in welchem Übungen und deren Ergebnisse dokumentiert werden.

Ein weiterer wichtiger Bereich im Rahmen der ⟵ **Risikofaktoren**
Rückfallprophylaxe ist die Erarbeitung von individuellen Risikofaktoren für den Fall einer erneuten Zunahme von Zwangssymptomen. Bei der Besprechung des Erklärungsmodells wurde bereits über Zusammenhänge zwischen Lebensgeschichte und Zwangssymptomatik gesprochen (Stichwort: Wann war der Zwang stärker, wann war der Zwang schwächer?). Außerdem wurden individuelle Vulnerabilitäten analysiert, die in Verbindung mit kritischen Ereignissen zum Auftreten oder einer Zunahme von Zwängen führten. Sicher wird sich einiges durch die Therapie positiv verändert haben, möglicherweise bestehen aber andere Vulnerabilitäten und Belastungsfaktoren weiter fort. Mit Hilfe dieses Wissens kann man dann gemeinsam Risikofaktoren, mögliche Frühwarnzeichen und Gegenmaßnahmen erarbeiten.

BEISPIEL ⟶ Frau Giese war in eine ambulante Verhaltenstherapie gekommen aufgrund von Zwangsgedanken. Sie fürchtete, dass sie durch Unachtsamkeit etwas übersehe und anderen einen nicht wieder gutzumachenden Schaden zufügen könnte. Besonders quälend war die Vorstellung, jemanden beim Autofahren überfahren zu haben. Sie hatte erstmals unter diesen Zwangsgedanken gelitten, als sie vor zehn Jahren in ihrem Beruf relativ jung eine Führungsposition übernommen hatte. Die Position war mit hoher Verantwortung und hohen Anforderungen verbunden. Die Zwänge wurden wieder geringer, nachdem sie sich eingearbeitet hatte. Die Zwänge wurden wieder deutlich stärker, nachdem sie in einem neuen Betrieb wieder eine Führungsposition mit noch mehr Verantwortung übernommen hatte. Erschwerend kam hinzu, dass ein langjähriger Mitarbeiter, der selbst gern diesen Posten eingenommen hätte, sie ständig kritisierte.

Durch eine ambulante Therapie kann Frau Giese ihre Zwänge wieder deutlich reduzieren. Außerdem entwickelt sie mehr Selbstvertrauen in ihre Fähigkeiten als Führungskraft und lernt Möglichkeiten, mit dem kritisierenden Mitarbeiter besser umzugehen. Gleichzeitig wird ihr klar, dass bei weiteren Beförderungen möglicherweise Zwänge als Zeichen einer subjektiven Überforderung wieder stärker werden könnten. Deswegen arbeitet sie in den letzten Sitzungen mit ihrem Therapeuten verstärkt daran, wie sie erste Warnzeichen erkennen und welche Gegenmaßnahmen sie dann ergreifen kann.

Einige Worte zum Schluss

Wir sind nun am Ende dieses Buches über Zwangserkrankungen angekommen. Ich hoffe, dass Ihnen als Helfer diese »seltsame« Erkrankung nun gar nicht mehr so seltsam, sondern besser nachvollziehbar und verstehbar erscheint und Sie Ideen und Anregungen für Ihre Tätigkeit bekommen haben. Wichtig erscheint mir vor allem – und ich hoffe, das ist deutlich geworden beim Lesen des Buches –, dass die gemeinsame Arbeit von Helfer und Betroffenen gegen den Zwang viel leichter wird, wenn Sie sich als Helfer zwar als Experten für Zwangserkrankungen allgemein sehen, Ihnen gleichzeitig aber bewusst ist, dass die Betroffenen Experten für ihren speziellen Zwang sind und Ihnen in diesem Bereich viel voraushaben.

Auch wenn die gemeinsame Arbeit gegen den Zwang manchmal mühsam und anstrengend sein kann, Helfer können Betroffene auf vielerlei Weise bei der Therapie unterstützen – das gesamte Buch handelt im Grunde davon. Eine wichtige Unterstützung besteht natürlich in der fachlichen Kompetenz, die Helfer mitbringen, wobei unterschiedliche Helfer mit ihren jeweils spezifischen Qualifikationen verschiedene Bereiche abdecken. Mindestens genauso wichtig ist aber die emotionale Unterstützung mit einer positiven und zuversichtlichen Haltung und Vertrauen in die Fähigkeiten des Betroffenen.

Zur Belohnung gibt viele schöne Momente, z. B. wenn man sich zusammen über Teilerfolge freuen kann oder wenn Dinge wieder möglich werden, die lange nicht möglich schienen. Es kann Ihnen dann wie mir ergehen, als ich neulich Frau Lehmann beim Einkaufen traf, die fröhlich und ohne Ängste die Ware in den Wagen legte. Dass sie noch vor gar nicht allzu langer Zeit unter Kontaminationsängsten litt und überhaupt nicht in der Lage war, in einem Laden etwas anzufassen, merkte man ihr überhaupt nicht mehr an. Oder man hört von anderen, dass Herr Scholz, der unter schweren Wiederholungszwängen litt, nun ein Studium beginnt, was zu Beginn der Therapie kaum möglich erschien. Das ist dann ein schöner Erfolg und bestärkt darin, sich weiter für und mit den Betroffenen zu engagieren.

Literatur

Verwendete Literatur

Baer, L. (2001): Alles unter Kontrolle. Zwangsgedanken und Zwangshandlungen überwinden. Bern: Huber.

Ciupka-Schön, B. (2006): Einbeziehung der Angehörigen von Zwangserkrankten in die Verhaltenstherapie. In: S. Fricke; M. Rufer & I. Hand (Hg.): Verhaltenstherapie bei Zwangsstörungen. Fallbasierte Therapiekonzepte, S. 215–227. München: Elsevier Urban & Fischer.

Emmelkamp, P. M. G.; Oppen, P. v. (2000): Zwangsstörungen. Göttingen: Hogrefe.

Fricke, S.; Hand, I. (2007): Zwangsstörungen verstehen und bewältigen. Hilfe zur Selbsthilfe. Bonn: BALANCE buch + medien verlag.

Hand, I. (2006): Das Spektrum der Verhaltenstherapie bei Zwangsstörungen. In: S. Fricke; M. Rufer & I. Hand (Hg.): Verhaltenstherapie bei Zwangsstörungen. Fallbasierte Therapiekonzepte, S. 1–22. München: Elsevier Urban & Fischer.

Hand, I.; Peter, H.; Rufer, M. (2001): Kombinationsbehandlung mit Verhaltenstherapie und Pharmakotherapie bei Zwangsstörungen: Forschungsstand und Behandlungspraxis. Verhaltenstherapie, 11, S. 206–215.

Katschnig, H.; Demal, U.; Scherer, M.; Aigner, M. (1998): Wie gehen Familienangehörige von Zwangskranken mit den Zwangsphänomenen um? Eine Pilot-Untersuchung. In: G. Lenz; U. Demal & M. Bach (Hg.): Spektrum der Zwangsstörungen. Forschung und Praxis, S. 87–91. New York: Springer.

Lakatos, A; Reinecker, H. (1999): Kognitive Verhaltenstherapie bei Zwangsstörungen. Ein Therapiemanual. Göttingen: Hogrefe.

Mowrer, O. H. (1947): On the dual nature of learning – a reinterpretation of »conditioning« and »problem-solving«. Harvard Educational Review, 17, S. 102–148.

Rasmussen, S. A.; Eisen, J. L. (1992): The epidemiology and differential diagnosis of obsessive compulsive disorder. Journal of Clinical Psychiatry, 53, S. 4–10.

Rufer, M.; Watzke, B. (2006): Ambulante Verhaltenstherapie mit intensiver Exposition einer Patientin mit Zwangsstörung und früherer Psychose. In: S. Fricke; M. Rufer & I. Hand (Hg.): Verhaltenstherapie bei Zwangsstörungen. Fallbasierte Therapiekonzepte, S. 147–164. München: Elsevier Urban & Fischer.

Salkovskis, P.; Wahl, K. (2002): Kognitive Verhaltenstherapie bei Zwangsstörungen. In: W. Ecker (Hg.): Die Behandlung von Zwängen, S. 35–66. Bern: Huber.

Schwartz, J. M.; Beyette, B. (2000): Zwangshandlungen und wie man sich davon befreit. Frankfurt: Fischer.

Wölk, C.; Seebeck, A. (2002): Brainy, das Anti-Zwangs-Training. Ein computergestütztes Übungsprogramm zur Überwindung von Zwangshandlungen und Zwangsgedanken. Lengerich: Pabst.

Zarbock, G. (1996): Heilen durch Erfahrung. Einführung in die integrative Verhaltenstherapie – Grundlagen und Anwendungen. Freiburg: Herder.

Literatur, die man Betroffenen und Angehörigen empfehlen (und auch selbst lesen) kann
Erfahrungsberichte

Leps, F. (2007): Zange am Hirn. Geschichte einer Zwangserkrankung. Bonn: BALANCE buch + medien verlag.

Ulrike S.; Crombach, G.; Reinecker, H. (1996): Der Weg aus der Zwangserkrankung. Bericht einer Betroffenen für ihre Leidensgefährten. Göttingen: Vandenhoeck & Ruprecht.

Ulrike S.; Crombach, G.; Reinecker, H. (2002): Hilfreiche Briefe an Zwangskranke. Göttingen: Vandenhoeck & Ruprecht.

Selbsthilfeliteratur

Hoffmann, N. (2000): Wenn Zwänge das Leben einengen. Zwangsgedanken und Zwangshandlungen. Ursachen, Behandlungsmethoden und Möglichkeiten der Selbsthilfe. Mannheim: Pal.

Klepsch, R.; Wilcken, S. (1998): Zwangsgedanken und Zwangshandlungen. Wie Sie den inneren Teufelskreis durchbrechen. Stuttgart: Trias.

Reinecker, H. (2006): Ratgeber Zwangsstörungen. Informationen für Betroffene und Angehörige. Göttingen: Hogrefe.

Ulrike S.; Reinecker, H. (2006): ABC für Zwangserkrankte. Tipps einer ehemals Betroffenen. Göttingen: Vandenhoeck & Ruprecht.

Wölk, C. (2007): Talk to him! Ein interaktives Programm zur Selbsthilfe bei Zwangsstörungen. Bonn: BALANCE buch + medien verlag.

Bücher für Mitbetroffene und Angehörige

Demal, U.; Langkrär, J. (1998): Zwangserkrankungen. Ein Leitfaden für Angehörige. Deutsche Gesellschaft Zwangserkrankungen.

Medikamente

Greve, N.; Osterfeld, M.; Diekmann, B. (2007): Umgang mit Psychopharmaka. Ein Patienten-Ratgeber. Bonn: BALANCE buch + medien verlag.

Psychotherapie

Piontek, R. (2002): Wegbegleiter Psychotherapie. Bonn: Psychiatrie-Verlag.

Adressen

Bundesrepublik Deutschland
Deutsche Gesellschaft Zwangserkrankungen e.V.
Postfach 1545, D-49005 Osnabrück
Telefon (05 41) 3 57 44-33
E-Mail: zwang@t-online.de
Internet: www.zwaenge.de

Österreich
In Österreich gibt es keine entsprechende Gesellschaft,
nur das Internetportal www.zwaenge.at
mit einigen Hinweisen auf regionale Selbsthilfegruppen.

Schweiz
Psychiatrische Privatklinik Sanatorium Kilchberg
Alte Landstraße 70–84
CH-8802 Kilchberg
Telelefon (044) 7 16 42-44
E-Mail: kontakt@zwaenge.ch
Internet: www.zwaenge.ch

Andreas Knuf
Basiswissen: Empowerment in der psychiatrischen Arbeit
ISBN 978-3-88414-409-1
144 Seiten
14,90 Euro / 26,80 sFr

Alle reden von Empowerment. Das Ziel, die Selbstständigkeit und Selbstbestimmungsfähigkeit des Klienten zu unterstützen, steht hinter jedem Hilfeplan. Aber was heißt das konkret? Andreas Knuf zeigt, wie Empowerment in die psychiatrische Arbeit umgesetzt werden kann – auch bei Klienten, die zunächst einmal keinen oder kaum einen Wunsch nach Selbstbestimmung zeigen.

Angela Mahnkopf
Basiswissen: Umgang mit depressiven Patienten
ISBN 978-3-88414-418-3
144 Seiten
14,90 Euro / 26,80 sFr

Die Gesundung schwer depressiv Erkrankter vollzieht sich in kleinen Schritten. Neuerliche depressive Einbrüche in besonders belastenden Lebenssituationen sind sehr wahrscheinlich. Gelassenheit, Geduld, Empathie und Wertschätzung sind deshalb wichtige Kompetenzen und Grundlagen therapeutischen Handelns. Angela Mahnkopf zeigt an vielen Beispielen aus ihrer Praxis, wie ein motivierender Umgang mit depressiven Patienten gelingen kann. Sie berücksichtigt aber auch die emotionale Situation der Helfenden und ermutigt sie, ihrerseits die Hoffnung nie zu verlieren.

Psychiatrie-Verlag GmbH, Thomas-Mann-Straße 49a, 53111 Bonn,
Tel. (02 28) 7 25 34-11, Fax (02 28) 7 25 34-20,
E-Mail: verlag@psychiatrie.de, Internet: www.psychiatrie-verlag.de